Fundamentos
del Matrimonio
Bíblico

Una Perspectiva Teológico-Pactual

Marvin J. Argumedo

McAllen, Texas

Editorial Doulos
2024 N 10th St
McAllen, Texas 78501
www.editorialdoulos.com
editor@editorialdoulos.com

Colección
Ministerio y Pastoral
Volumen 5

Contenido

Prefacio

La teología práctica: Un campo fértil

Cada vez que he tenido la ocasión de escribir sobre un tema en particular, me motivan dos razones fundamentales: edificar al cuerpo de Cristo con lo que se escribe y ofrecer una respuesta bíblica a una necesidad actual. Ambas cosas se han armonizado al escribir este libro; el matrimonio es un área que le compete a la teología práctica y la iglesia de Cristo necesita fortalecerse en ella ante los feroces ataques del liberalismo postmoderno. Tenemos el gran compromiso de mostrar desde las Escrituras la perspectiva bíblica del matrimonio a un mundo que vive de espaldas a Dios. Quizá pudiera decir que la realidad actual del matrimonio me impulsó a escribir sobre este asunto, y aunque eso es cierto, no fue esa la necesidad primaria. Realmente la teología práctica es un campo fértil que no ha sido frecuentemente estimado como otros campos de la teología. Por tanto, fui motivado a ofrecer un aporte conciso pero necesario en esta área de la vida cotidiana del cristiano, pues en ella se nos provee la oportunidad de mostrar la gloria de Dios en el diseño divino del matrimonio; una relación que une a dos pecadores redimidos y en cuyos roles se nos recuerda constantemente el pacto eterno que Dios ha establecido con su pueblo.

Una muestra de Gratitud

Agradezco la oportunidad que me brindó el Programa Doctoral del *Miami International Seminary – MINTS*, para escribir este tercer aporte. MINTS es una institución de formación teológica cuya visión a nivel mundial es preparar líderes cristianos para el ministerio, y cumple esta visión bajo una metodología que permite capacitarse sin tener que salir de su propio contexto. Mi agradecimiento es extensivo a todas las autoridades académicas de esta apreciada casa de estudios teológicos.

También agradezco el apoyo invaluable de mi amada esposa Vivian. En esta ocasión no solo ofreció su incondicional apoyo en la minuciosa revisión del contenido, sino que su labor de esposa, madre y sierva del Señor, fue un insumo esencial para desarrollar esta obra. Agradezco siempre a Dios por ella y me siento bendecido por haberme concedido una ayuda idónea que le ama a Él y me acompaña fielmente en el ministerio.

Ofrezco mi gratitud a *Editorial Duolos* por haber confiado en esta obra y ponerla a disposición de toda la comunidad hispanoamericana. De forma especial, agradezco al respetable Dr. Glenn A. Martínez por concederme el alto privilegio que esta obra sea parte de esta útil *Colección Ministerio y Pastoral,* y además, por su labor de revisión y edición. Dios le recompensará oportunamente su dintinguida labor editorial en obras teológicas y académicas, tan necesarias en la tradición reformada.

Agradezco a todas las congregaciones locales de diferentes denominaciones que durante varias ocasiones fueron utilizadas por Dios para permitirme exponer los contenidos que han sido incluidos en este libro. Fue durante estas exposiciones, conferencias y sermones que redacté mis primeros apuntes sobre el matrimonio bíblico y luego se convirtieron en la base de las ocho lecciones de este libro. Aún tengo vivo el recuerdo de cada pareja que me animó a escribir este libro; gracias a ellos, el ánimo para concluirlo nunca faltó. Así mismo, estoy agradecido con todos los compañeros en la fe, familia y amigos, por su apoyo incondicional; sus oraciones y palabras de ánimo siempre fueron un gran aliciente.

Pero sobre todo y todos, mi gratitud es con el sabio, soberano y eterno Dios, por haberme concedido la oportunidad de concluir esta obra. Considero un privilegio inmerecido que pueda gozar de su gracia a través del matrimonio, y un compromiso ineludible que pueda conocer a través de las Escrituras el diseño divino que Él ha establecido. No hay palabra que pueda describir mi gratitud hacia Él; pero anhelo siempre agradecerle todo lo que hace por mí, amando, viviendo y compartiendo Su santa Palabra. ¡A Él sea la gloria!

Marvin J. Argumedo
El Salvador, C.A.
Agosto, 2021

Introducción
¿Por qué importa el Matrimonio?

Quizá esta sea una de las preguntas más esenciales que Dios sigue utilizando hasta hoy para motivarnos a pensar y actuar bíblicamente respecto al matrimonio. Sin embargo, se debe reconocer que no siempre la respuesta a esta interrogante ha sido adecuada. Cada vez que nos encontramos con un libro que trata sobre el matrimonio seguramente nos preguntamos ¿qué es lo que hace tan importante este asunto para que sigamos invirtiendo horas de esfuerzo y redactando libros? ¿Acaso no es suficiente el gran volumen de obras que ya se han escrito? Sucede que esa gran cantidad de libros sobre el matrimonio y otros temas relacionados, no garantizan que nuestra perspectiva esté en armonía con aquella que Dios tiene sobre la unión matrimonial. De hecho, gran parte de la literatura producida sobre este tema sólo ha confirmado lo mucho que no entendemos la perspectiva divina sobre el matrimonio y lo fácil que resulta proponer cualquier clase de argumentos extra bíblicos para satisfacer las motivaciones humanas antes que la sola voluntad divina.

Uno de los efectos más evidentes de esta difícil realidad aún en nuestra época es el daño que ha causado la abundante teoría matrimonial empobrecida o desprovista de una real y necesaria práctica diaria. Con frecuencia, detrás de una voluminosa obra llena de teoría se esconde alguien que sin estar casado o habiendo fracasado en el intento, pretende enseñar a otros sobre el matrimonio. Algunos se han amparado en su trayectoria profesional o en su preparación terapéutica o psicológica; otros simplemente creen tener algo que decir sobre el tema y deciden darle un valor impositivo sobre las demás personas. En cualquier caso, toda opinión sobre este asunto que no tenga como base y argumento la revelación divina contenida en la Biblia, será irrelevante e irreverente; además, seguirá causando el mismo efecto de desilusión en sus audiencias. Será infructuosa toda clase de esfuerzo humano en tratar de entender y practicar una relación cuya naturaleza es divina, si existe una deliberada actitud de ignorar lo que Dios ya ordenó sobre el matrimonio.

Pero, aunque esto parezca crítico, no es lo más alarmante, pues en el ámbito cristiano también se ha tenido que enfrentar históricamente una lucha muy similar, es decir, que se posee abundante información, pero carece de genuina convicción. Esa lucha ha conducido a los cristianos a pensar seriamente si cuando hablamos de matrimonio nos referimos a un asunto de cinismo o realismo, en otras palabras, ¿realmente existe el matrimonio exitoso o solo nos hemos acostumbrado a durar casados? La respuesta a esta interrogante define en gran parte la necesidad que tenemos de regresar a la Biblia para purificar nuestra perspectiva sobre el matrimonio. Ella no solo respalda afirmativamente la existencia del matrimonio exitoso, sino que presenta ese hecho como la voluntad de Dios para todos. La Biblia es verdadera, relevante y eterna, y por eso tiene la respuesta a cualquier situación de nuestra época, incluidos los asuntos matrimoniales. Por tanto, nos basta acudir a ella, atender sus instrucciones y luego salir a aplicarlas fielmente en nuestra vida diaria.

Ahora bien, en términos prácticos ¿qué necesita el matrimonio para ser bíblico? Sin duda, lo que se necesita es consolidarlo bajo los principios que Dios ha establecido. Pero ¿es tan importante la consolidación matrimonial? ¡Por supuesto que sí! Consolidar el matrimonio es seguramente uno de los temas de mayor importancia para la iglesia de nuestros días. Esto no había sido tan relevante para la iglesia en épocas anteriores debido a que en el ámbito eclesiástico se suponía que una pareja de cristianos gozaba de plena estabilidad matrimonial por el entendimiento del pacto que los unía. Lamentablemente, la iglesia despertó y se encontró frente a una realidad muy distinta que le hizo entender que la consolidación del pacto matrimonial no era un objetivo menor o secundario; tuvo que enfrentar el creciente número de divorcios entre parejas cristianas y la alarmante cifra de ministros del evangelio que tuvieron que dejar el ministerio por un fracaso matrimonial.

¿Cree que esto es una situación fácil? ¡Claro que no lo es! Nos duele mucho cuando nos enteramos que un compañero en la fe ha tenido que enfrentar la ruptura de su matrimonio y también nos duele cuando un ministro del Señor debe sufrir afrenta por esta misma razón. Es por eso que el matrimonio importa y necesitamos entenderlo a la luz de las Escrituras. Ciertamente, esto supone un desafío para la iglesia de Cristo, aquella a quien Él considera su amada esposa. Y este desafío puede asumirse bastante bien si convierte la preocupación por la consolidación del matrimonio en un tema central de su misión. No es tiempo de romantizar con un asunto de tan grande importancia para Dios, más bien, nos compete profundizar en la ley de Dios para conocer todo lo que él desea que pensemos y hagamos respecto al matrimonio. Nuestra negligencia o ignorancia en el matrimonio no son excusa alguna frente a la soberana Palabra de Dios, porque "*la exposición de sus palabras alumbra; hace entender a los simples*" (Salmos 119:130).

Por tanto, la iglesia hoy más que nunca debe enfocar todo su esfuerzo en hacer entender a los matrimonios que la unión que les une es un pacto, y, por lo tanto, esta unión debe entenderse y vivirse como tal. Para los casados, el matrimonio pasa a ser la segunda relación más importante de su vida. La primera, y la más relevante, es la relación con Dios. Por esto entendemos que la consolidación matrimonial responde a que la relación marital es la más íntima de las relaciones humanas, aún sobre la relación con los padres y la relación con los hijos. ¿Sabe por qué? Sucede que a los padres debemos dejarlos en el debido tiempo, según lo establece la Biblia (Génesis 2:24). Y con base a esta regla bíblica de vida, los hijos también nos dejarán a su debido tiempo cuando se casan. Puede decirse entonces que la importancia de la relación matrimonial radica en que ella afecta positiva o negativamente a las otras relaciones que el individuo tiene con las demás personas.

Así que, nuestro propósito en el presente estudio bíblico será remitirnos a las Escrituras para determinar los fundamentos que ayuden a los casados a vivir bajo una perspectiva cristiana del pacto que los une. En principio, definiremos la idea bíblica de pacto aplicada al matrimonio para luego establecer una construcción bíblico-pactual de sus bases. Esto lo haremos utilizando el acróstico "PACTO" para establecer cinco fundamentos bíblicos a partir de cada letra de esta palabra, en el siguiente orden: *Pureza, Amor, Compromiso, Tolerancia, Orden*. Finalmente, con base a estos fundamentos, definiremos el rol bíblico del esposo y la esposa. Mi mayor deseo es que cada matrimonio encuentre la fortaleza en Dios y la guía del Espíritu Santo para vivir una vida matrimonial conforme a los principios bíblicos y puedan tener como resultado una relación que glorifique a Dios y que dignamente reflejen la relación pactual que mantiene Cristo con su Iglesia.

1

La Idea Bíblica de Pacto en el Matrimonio

Introducción

Con frecuencia nos referimos a la relación que tenemos con Dios en muchas y diversas maneras. Le vemos a Él como padre y nosotros como sus hijos, también le reconocemos como creador y nosotros como criaturas, y por supuesto, le confesamos como redentor y nosotros como redimidos. Sin embargo, aunque cada una de estas formas de relación nos comunica un aspecto de la comunión de Dios con su pueblo, es la relación matrimonial que tiene tal importancia para que Dios la utilice como un tipo de la relación íntima que Él tiene con su pueblo. Cuando revisamos el Antiguo Testamento notamos que Dios se considera el esposo de Israel (Isaías 54:5), y de igual forma, en el Nuevo Testamento se nos presenta a Cristo como el esposo de la Iglesia (II Corintios 11:2). Esta armonía en los dos testamentos es sustancial para el entendimiento teológico y la importancia práctica de la relación matrimonial. Dios ha utilizado intencionalmente la figura del matrimonio en la revelación bíblica para expresarnos la manera en que él se relaciona con nosotros.

Preliminarmente, debemos decir que el compromiso matrimonial es uno de los aspectos que colocan a esta relación en una posición de importancia en la revelación bíblica. Es por eso que no debemos confundirnos, el matrimonio no es alguna clase de experimento, sino uno de los más grandes compromisos adquiridos durante nuestro paso por la Tierra, de tal manera que quienes no lo asumen bajo esta perspectiva, no entienden cuál es la voluntad de Dios para el matrimonio. Bajo la perspectiva pactual, es importante señalar que en un pacto, es Dios quien siempre establece los términos, por lo tanto, no tenemos libertad de ordenar o establecer la base sobre la cual se fundamenta un matrimonio. Quizá esta sea la razón esencial por la que existe una tendencia muy marcada de concebir al matrimonio bajo cualquier clase de definición, pero no como un pacto. ¿Sabe por qué? Es más cómodo para los humanos pensar en el matrimonio como una etapa de amor, un regalo divino, un proceso de madurez, etc.; y aunque todos estos aspectos están incluidos en un verdadero matrimonio, nunca se piensa en él como un pacto. La perspectiva pactual no encabeza la lista de posibilidades, pero, aunque no resulte cómoda para nosotros, es la perspectiva de Dios y ampliamente se nos ha revelado en las Escrituras.

Entender la unión de un hombre con una mujer como un pacto puede hacer la diferencia entre la victoria y el fracaso en el matrimonio. La razón es porque si aceptamos que Dios es quien establece los términos de un pacto, también reconocemos que el matrimonio visto como un pacto, es una obra de Dios. Según John Piper, en Marcos 10:6-9 se ofrece "la mención más clara de que el matrimonio no es meramente una obra humana. La frase 'Dios ha unido' significa que es obra de Dios."[1] Así pues, la victoria en el matrimonio no debemos limitarla a encontrar alguna satisfacción o cumplir nuestras expectativas sino a cumplir la voluntad de Dios en esta relación que es una obra de él. Al ver el matrimonio como un pacto, nuestro gozo estará sustentado en glorificar a Dios en esta relación. Por el contrario, enfrentaremos el fracaso matrimonial no sólo por una ruptura definitiva con el cónyuge, sino a partir de una ruptura con la manera en que Dios ha concebido y desea que el matrimonio sea practicado. Y esa manera divina de verlo es como un pacto.

I. El Matrimonio es más que un Contrato

En todo el contenido de las Sagradas Escrituras encontramos el concepto de pacto; sin embargo, esta palabra no parece ser de uso frecuente en nuestro argot cristiano y tampoco en el lenguaje cotidiano. Algunos creen conocerla, pero, en esencia, no entienden cuál es su verdadero significado y mucho menos aplicado al matrimonio. Sinceramente, en la sociedad postmoderna actual, cuando se piensa en el matrimonio la primera idea que nos viene a la mente es la de un contrato más que un pacto. Y esto ocurre no solamente en el ámbito no cristiano, sino en la iglesia. Aunque existe una relación etimológica entre estos dos términos (contrato y pacto), existe una diferencia rotunda entre ambos. La palabra "contrato" procede etimológicamente del término latín *contractus* y puede definirse como "el documento que establece por escrito un acuerdo entre las partes involucradas."[2] Nótese que el énfasis del concepto está más enfocado al documento en sí mismo que al contenido, y mucho menos a su cumplimiento.

Si damos un vistazo a la sociedad actual veremos que su orientación es *contractual* antes que pactual en todas sus actividades y relaciones. Las personas tienen un interés de poner por escrito aquello que consideran importante cumplir, ya que, al hacerlo, reciben la seguridad que la empresa o la persona con quien lo suscriben, cumplirá sus compromisos. Todos participamos en la suscripción de contratos en diversos ámbitos (trabajo, negocios, compra de bienes y servicios, etc.) pero en ellos la confianza no está puesta en la persona con quien se suscribe el contrato, sino en el documento que garantiza el cumplimiento. Por esa razón, la filosofía contractual no armoniza con la perspectiva pactual que la Biblia muestra para el matrimonio. Esta idea contractual ha sido introducida por muchas parejas en su relación matrimonial. Cuando se casan, creen que están suscribiendo un contrato y hacen su mejor esfuerzo para tratar de cumplir, pero no todos lo consiguen. En contraste, todos los matrimonios cristianos somos llamados a exceder esa limitada idea contractual, viviendo nuestra relación matrimonial como un verdadero pacto, tomando el ejemplo que la Biblia nos ofrece de la relación de Cristo con su iglesia (Efesios 5:21-33).

Así que, Cristo no tiene un contrato con su esposa, lo que mantiene es un pacto con ella. Cuando nuestra perspectiva matrimonial queda limitada a la idea contractual, entonces debemos temer que el pensamiento secular ha impregnado nuestra mente y nuestro matrimonio se habrá acomodado a los términos de este mundo. El apóstol Pablo con gran claridad nos recuerda uno de nuestros deberes cristianos, al decir: *"No os conforméis a este siglo, sino transformaos por medio de la renovación de vuestro entendimiento"* (Romanos 12:2). Ver el matrimonio como un contrato es olvidar lo que el matrimonio representa para Dios. En la vida diaria, ¿cómo tratamos a aquellos con quienes tenemos un contrato, cuando nos fallan? Creo que usted mismo lo sabe; las intenciones y acciones son diversas, pero, en definitiva, cancelamos el contrato. Eso no debe ocurrir en el mandato bíblico del matrimonio. Si tratamos a nuestro cónyuge como un agente contractual, ¡imagine cuál sería nuestra reacción ante alguna falta cometida!

En el pasaje de Romanos 12:2, el apóstol Pablo señala el ámbito sobre el cual debe ser efectuada la renovación del hombre, y ese ámbito es el *entendimiento*, no el sentimiento. ¿Sabe por qué no estamos valorando el matrimonio como un pacto? Porque le hemos atribuido una naturaleza sentimentalista, basada en las emociones. No olvide que estas categorías cambian de un momento a otro, incluso nos traicionan. Por eso, este llamado no está enfocado a los sentimientos sino al entendimiento. Si aplicamos este principio a la unión matrimonial, entonces lo importante no es lo que sentimos en el matrimonio, sino, lo que entendemos del matrimonio. Es posible que esta aseveración cause incomodidad, pero permítame explicárselo en breve. Si nuestro entendimiento es gobernado por la revelación de Dios, los sentimientos también quedan sujetos a esa perspectiva; por lo tanto, si concebimos y vivimos nuestro matrimonio de acuerdo a las Escrituras, tanto el entendimiento como los sentimientos quedarán armonizados a la voluntad divina.

Pero hay un detalle adicional. Observe que en este mismo pasaje se nos aclara que el propósito de la renovación del entendimiento es *comprobar* cuál es la voluntad de Dios. La comprobación es el proceso por el cual definimos si algo es genuino o no lo es. Generalmente utilizamos esa acción en la vida diaria para nuestras actividades cotidianas, pero muy poco utilizado en asuntos tan importantes como el matrimonio. La única forma en que se hace posible conocer la voluntad de Dios en cualquier ámbito de la vida es por medio de la renovación del entendimiento. En palabras sencillas, es imposible valorar adecuadamente al matrimonio como una relación pactual si aún gobierna nuestra mente el hombre de pecado, la antigua naturaleza no regenerada (I Corintios 2:14). Esto no puede ser entendido bajo términos humanos, sino, en términos espirituales. Pero ¿es tan importante que conozcamos la voluntad de Dios? Bajo la perspectiva pactual, conocer la voluntad de la otra persona no sólo es importante, sino necesario para esta relación.

Pensemos brevemente en la relación de Cristo y su iglesia. Ella es considerada como la esposa de Cristo.[3] Pero si la iglesia es la esposa de Cristo, ¿acaso no necesita saber qué desea su esposo? ¡Por supuesto que sí! No habría otra manera cómo pueda agradarle haciendo lo que él espera de ella. De igual forma, en el matrimonio no existe un vínculo contractual, sino una relación pactual. Pero aún no hemos ofrecido concretamente las razones por las que el matrimonio no es contrato. Una de las formas más pertinentes de hacerlo quizá sea identificando las características contractuales, y por ello, se ofrece en los siguientes apartados una serie de cinco características de los contratos, que, a su vez, se constituyen en cinco razones por las que el matrimonio no debe ser entendido ni practicado como tal.

1. Son acuerdos con una limitación temporal. Cuando suscribimos un contrato sabemos que ese compromiso tiene fecha de caducidad; algunos serán por un año y otros por más tiempo, pero todos concluyen. Finalizado el plazo, las partes suscriptoras quedan libres de responsabilidad y disponibles para suscribir otro contrato. En cambio, el matrimonio bíblico es hasta el final y queda explicado en la frase que el ministro dice a los esposos: "los declaro marido y mujer, hasta que la muerte los separe." Si realmente cada pareja entendiera la esencia de esa frase, las estadísticas de divorcio (incluso entre cristianos) no serían tan alarmantes como ahora lo son. El matrimonio bíblico no es un contrato porque ninguna circunstancia puede separar a quienes se comprometen en esta unión divina. El eterno amor con que Dios ama a su pueblo (Jeremías 31:3) nos permite visualizar que la eternidad es una cualidad aplicada a la relación pactual que Él sostiene con nosotros.

2. Se refieren a acciones específicas. Los contratos están enfocados a comprometer a los suscriptores en ámbitos muy particulares (salud, trabajo, servicios, etc.). Por supuesto que esta característica responde a la naturaleza misma de esas relaciones. Comprometernos bajo un contrato con una empresa de telefonía no implica que otras áreas de nuestra vida queden sujetas a ese compromiso, solamente aquella que incluye el acuerdo. En cambio, el matrimonio bíblico es una relación integral que incluye lo físico, emocional, espiritual, etc. Cuando nos casamos, recibimos un paquete completo de compromisos, no podemos enfocarnos en un área solamente de la vida. De hecho, cuando el apóstol Pablo exhorta a los cristianos respecto de su obligación de proveer a la casa (I Timoteo 5:8), lo hace pensando en una provisión integral y no específica. En esto no podemos darnos el lujo de la especialización, pensando que si proveemos económicamente eso es suficiente, o quizá si proveemos emocionalmente con eso basta. Recuerde, si no es integral, no es provisión.

3. Se basan en el condicionamiento. Habrá notado que los contratos generalmente tienen una serie de condiciones para que las cláusulas que lo integran puedan causar efecto. En la mayoría de los casos, estas condiciones se ubican en una letra más pequeña en algún extremo del documento y no siempre captan nuestra atención. Usted mismo quizá tuvo que enfrentar en alguna ocasión el disgusto de no recibir un beneficio contratado porque no cumplió con alguna condición sencillamente porque no la leyó oportunamente. En contraste, el matrimonio bíblico no funciona con base a condiciones, ésta es una relación incondicional; los casados no actúan solamente si reciben algo de la otra persona. Cada uno se entrega al otro sin condición. El llamado bíblico para ambos es mostrar una vida de entrega total hacia su cónyuge de la misma forma que Cristo lo hace por su iglesia, tal como lo enseñan las Escrituras.

4. Su motivación es la obtención de algo deseado. Cada vez que se suscribe un contrato, la razón que lo motiva es la satisfacción de un deseo de quien lo suscribe. Por ejemplo, cuando contratamos un servicio no lo hacemos pensando en el bienestar de esa empresa que nos prestará el servicio, sino que decidimos someternos a ese contrato porque existe un deseo o una necesidad propia que nos motiva a suscribirlo. Creo que en eso estamos de acuerdo; o acaso decimos: "me preocupa que la empresa X no tiene las ganancias suficientes, así que voy a ayudarles suscribiendo un contrato con ellos" ¡Eso nunca ha sucedido, ni sucederá! En contraste, el matrimonio bíblico no busca el deseo personal; más bien, ve consumado su propósito cuando se satisface el deseo de la otra persona. De esta forma, la preocupación en el pacto matrimonial se hace más genuina cuando es más por el cónyuge que por nosotros mismos. Y esta evidencia se encarga de mostrarla el genuino amor, pues "no busca lo suyo" (I Corintios 13:5) sino el bienestar completo y constante del otro.

5. Son implícitos y no verbales. Generalmente la relación entre las partes que suscriben un contrato queda limitada al contenido del documento, no hay mayor relación entre ellos. En contraste, el matrimonio bíblico es explícito en cuanto a su naturaleza y sus funciones, pues cada uno de los contrayentes no asume una relación limitada al contenido de un documento sino que se une como "una sola carne"[4] con la otra persona. Nótese que este aspecto se ve claramente cuando nos referimos a nuestra relación, pues no decimos: "estoy contratado con mi esposa", sino que decimos: "estoy casado con mi esposa" para indicar el vínculo que nos une. Además, no podemos dejar de señalar que el matrimonio es una relación verbal en cuanto a la forma de desarrollarse relacionalmente. No existe el matrimonio a la distancia; por lo menos, la separación física no provee las condiciones para que la relación se mantenga saludable. Por lo tanto, la comunicación se constituye en un elemento determinante si consideramos al matrimonio como un verdadero pacto.

II. El Matrimonio es un Pacto Divino

Quizá usted se pregunte ¿por qué hablar de pacto en asuntos matrimoniales? Debemos recordar que la palabra pacto no sólo es un término bíblico, sino que es la perspectiva con la que se nos presenta la historia de redención; el Dios que nos presenta la Biblia, nuestro Dios, es un Dios de pacto. En ese sentido, el pacto divino "trata el lado divino de las cosas. Devela la fuente de donde provienen todas las bendiciones y da a conocer el canal por el cual éstas fluyen hacia los hombres: Cristo… El pacto es el fundamento desde donde surgen todas las obras de gracia dadas por Dios."[5] Si consideramos una perspectiva pactual en el matrimonio, entonces la característica que reviste de importancia al pacto divino es que Dios toma la iniciativa, él establece los compromisos y beneficios incluidos en el pacto. De esta forma, es posible hablar de un pacto divino en el matrimonio, es decir, un pacto que emana de la voluntad de Dios bajo los términos que Él establece.

Es necesario definir la palabra "pacto" y su relación en la historia bíblica. Arthur Pink señala que: "La palabra que se usa en el Antiguo Testamento es berít (heb. בְּרִית); el Nuevo Testamento, por su parte, usa diatēkē (gr. διαθήκη). Básicamente denota un acuerdo o convenio entre dos partes que se comprometen a respetar lo estipulado. Teológicamente (usado para las relaciones entre Dios y el hombre) denota una gracia y fidelidad de Dios para beneficio y bendición del hombre, y específicamente de los hombres que por fe reciben las promesas y se obligan a las responsabilidades de este compromiso."[6] Además, es importante señalar la relación entre "pacto" y "testamento" en la revelación bíblica. La Biblia no es cualquier libro, ella es la palabra de Dios que nos fue entregada en dos testamentos. La misma palabra que se traduce como "testamento" en muchas otras partes es también traducida como "pacto" así que esto nos recuerda que un testamento es un pacto, y un pacto es un testamento. Debemos reconocer que en ocasiones la traducción castellana es la que oculta esta verdad a los lectores de la Biblia.

Si retomamos los conceptos antes ofrecidos y los aplicamos al matrimonio bajo una perspectiva pactual, notaremos que la relación matrimonial es tan íntima que la Biblia establece que las dos personas que se unen en matrimonio han de ser una sola carne (Génesis 2:24). La palabra "una" empleada en este pasaje es ekjád (heb. אֶחָד) y tiene el significado de: "aquello que está unido como uno en contraste con partes separadas."[7] Esa es la misma palabra hebrea utilizada para indicar la unidad de Dios (Deuteronomio 6:4). Este es un detalle muy importante para nuestra perspectiva pactual. Sucede que el término hebreo "uno" cuando es aplicado a Dios significa unidad compuesta opuesta a la idea de unidad absoluta. Así pues, en el caso de Dios, son tres en uno y en el caso del matrimonio, son dos en uno. La unión matrimonial comparte la misma esencia de unidad que existe en la Trinidad, y eso explica la importancia del matrimonio ante Dios.

¿Cómo verificamos la perspectiva pactual en la Biblia? Brevemente podemos recordar que el Antiguo Testamento relata que Dios hizo pacto con Abraham (Génesis 17:3-8), también confirmó su pacto con David (II Samuel 7:12-29), y los profetas constantemente le recordaron al pueblo el pacto que Dios tenía con ellos (Jeremías 31; Ezequiel 37; Oseas 2). Por su parte, el Nuevo Testamento, nos presenta a Cristo como el cumplimiento del antiguo pacto y quien instituye el nuevo pacto (Mateo 26:28; Lucas 22:20). Los escritores del Nuevo Testamento dejan muy bien explicado el concepto de pacto y lo utilizan en el desarrollo de sus escritos (II Corintios 3:6; Gálatas 3:15; Hebreos 7:22; 8:6; 13:20). Pero debemos puntualizar lo que Arthur Pink señala: "todos los pactos pueden ser reducidos a dos específicamente: el de Gracia y el de Obras. El resto de los pactos desarrollados en las Escrituras quedan subordinados a estos dos, como confirmaciones o sombras suyas, o como las formas en que aquellos fueron administrados."[8]

Por lo tanto, con tan amplia y explícita evidencia, no debe sorprendernos que en la Biblia se considere al matrimonio como un pacto entre un hombre y una mujer. De acuerdo con las Escrituras, la historia comenzó con un matrimonio. Dios creó a Adán y notó que no era bueno que estuviera solo, entonces le formó una esposa, una compañera (Génesis 2). Así pues, el matrimonio nace en el corazón de Dios, fue su deseo divino y no un deseo humano. De la misma forma en que la historia bíblica inicia con un matrimonio, también concluye con un matrimonio. En el libro de Apocalipsis se nos muestra la gran cena de la eterna unión matrimonial del Cordero con la Iglesia (Apocalipsis 19). Esto confirma que la Biblia concede un lugar privilegiado al matrimonio y lo muestra como la voluntad de Dios para la unión de un hombre y una mujer. Entre Génesis y Apocalipsis, tenemos abundante prueba bíblica que sustenta esta posición, sin embargo, los tres pasajes que mostraremos a continuación son esenciales para la perspectiva pactual del matrimonio.

Proverbios 2:16-17. En este pasaje, el autor bíblico advierte a su hijo que no se relacione con la mujer extraña "que, olvidándose de su pacto con Dios, abandona al compañero de su juventud." El tema de la mujer extraña es ampliamente tratado en este libro y según Earl Wolf se refiere a una mujer que "no está ligada al hombre por vínculos legales, que está fuera del círculo de sus relaciones propias, esto es, que es una prostituta o una adúltera."[9] Pero debe captar nuestra atención que no se dice que el abandono del cónyuge es olvidar un pacto con él, sino, un olvido del pacto con Dios. Esto confirma la naturaleza del matrimonio como relación pactual; y si tal relación pactual es divina, es con Dios.

Ezequiel 16:8. En este pasaje, el profeta describe a Israel como una esposa a la que Dios poseyó. Nótese que inicia su descripción indicando que esta mujer se encontraba en su tiempo de amores, es decir, lista para casarse. Luego, señala el juramento de compromiso que Dios hace con ella. Vemos que Dios está considerando la relación con su pueblo escogido bajo la idea de un pacto matrimonial, pues, aunque claramente se está hablando del matrimonio no se dice entré en "matrimonio" contigo, sino, entré en "pacto" contigo. Finalmente, la consolidación de esta relación se causa por medio de la posesión, al decir "y fuiste mía." Dios muestra la posesión que ejerce sobre su pueblo como a una esposa.

Malaquías 2:14. En este pasaje, el profeta nos deja ver la inconformidad de Dios respecto al divorcio. Dios no sólo lo considera una interrupción a la relación de dos personas que han decidido ya no estar casados, sino una falta de lealtad. Nótese que una falta de lealtad a la esposa es una falta al pacto. El profeta no dice "la mujer de tu matrimonio" sino la mujer "de tu pacto." Claramente se nos muestra la relación matrimonial a partir de la idea de un vínculo pactual, el cual es violentado cuando se atenta en contra de quienes se han unido por medio de tal pacto.

El sustento bíblico que tenemos disponible es suficiente para afirmar que el matrimonio es un pacto, un verdadero pacto divino. Pero esto no sólo es una perspectiva antojadiza, sino que es parte esencial de la cosmovisión cristiana del matrimonio. Nunca debemos olvidar que "mientras el propósito del matrimonio sea la satisfacción personal de cada individuo… no está cumpliendo la función primordial del diseño de Dios, que es glorificarlo a Él. Para que un matrimonio pueda hacer esto, ambos miembros deben desear glorificar a Dios individualmente y esto requiere morir a sus deseos personales para juntos vivir para un propósito eterno."[10] Así que, utilizando los pasajes bíblicos anteriores y habiendo dicho que no debe considerarse el matrimonio como un contrato, debemos establecer algunas características pactuales para afirmar que el matrimonio es indiscutiblemente un pacto, y por lo tanto, debe valorarse y practicarse como tal.

1. Los pactos son motivados por el beneficio de la otra parte. Quizá la forma más clara de entender esta característica es respondiendo a la pregunta ¿qué beneficio obtuvo Dios al hacer pacto con el hombre? Ciertamente, Dios no obtiene ninguna ganancia o provecho de conceder soberanamente al hombre una relación pactual con él; más bien, el hombre es quien recibe beneficios de esta relación. De la misma forma, el matrimonio bíblico conduce a dos personas a velar por el bienestar del otro y no por su propio beneficio. La preocupación es legitimada cuando es mayor por la otra persona que por nosotros, nada es más importante que garantizar el bienestar de nuestro cónyuge. Quizá se piense que este enfoque es muy pesimista o egoísta, pero no es así. Sucede que, si los dos cumplen este enfoque en el matrimonio, ambos se benefician por igual de esta relación.

2. Los pactos contienen promesas incondicionales. No podemos imaginar a un esposo estableciendo condiciones para conceder a su cónyuge lo que necesita. ¿Qué sucedería si ella no puede cumplir con esos requerimientos? ¿Acaso tendría que padecer necesidad? En el matrimonio bíblico se establece que el dar no está condicionado por la actitud de la persona, sino por el compromiso de la promesa. Nuestra salvación es un ejemplo claro de cómo Dios cumple sus promesas incondicionalmente, pues no habiendo mérito alguno, nos redimió y nos ha salvado como un don de su soberana gracia (Efesios 2:8-9).

3. *Los pactos se basan en amor.* Quizá uno de los mayores problemas de siempre es no tener un concepto adecuado del amor. Generalmente se le entiende como un sentimiento, y nada más. Pero el matrimonio bíblico se fundamenta en un amor entendido como un acto de la voluntad. No es un amor que sólo se queda en el plano sentimental. El pacto no "romantiza" con el concepto de amor, sino que lo traslada a la vida práctica. Por ejemplo, Dios no solamente sintió que nos amaba, sino que nos demostró lo que realmente es amar (Juan 3:16; 15:13) a la otra persona. En ese acto soberano, sublime y glorioso, Él nos ha revelado la base de amor que sostiene al pacto que él estableció con su pueblo escogido.

4. *Los pactos demandan compromisos permanentes.* No es muy difícil adquirir alguna clase de compromiso; lo difícil será mantener nuestro cumplimiento. Si el matrimonio es un pacto divino, tiene el atributo de eternidad que Dios posee; por tanto, el compromiso que une a los esposos también adquiere ese carácter de permanencia. El matrimonio bíblico no tiene cláusulas de caducidad, como lo tienen los contratos; más bien, ésta es una relación en que podrían cambiar las circunstancias, pero nunca el compromiso. Así que, la permanencia no sólo está enfocada en durar juntos como pareja, sino en ser fieles al compromiso adquirido ante Dios, a pesar que las circunstancias cambien.

5. Los pactos requieren confrontación y perdón. El momento en que nos enteramos de la profundidad de nuestro compromiso no es cuando todo va bien, sino cuando enfrentamos crisis y dificultades. Cuando somos confrontados es que brota la clase de persona que en realidad somos, y más aún, cuando sea necesario perdonar. El matrimonio bíblico no pasa por alto las fallas del cónyuge, sino que, entendiendo el riesgo de fallar hace uso de la confesión y el perdón. Resulta muy ilustrativo recordar lo que sucedió en Edén; vemos al hombre cayendo en la más grave de sus faltas ante un Dios santo que le había otorgado su confianza y la administración de la creación. Pero, si Dios es soberano ¿por qué crea a Adán si sabía que le iba a fallar? Precisamente porque los pactos requieren confrontar y perdonar ¿De qué otra forma podría Adán conocer el perdón de Dios si nunca lo hubiera necesitado? Adán conocía a Dios como creador, pero fue hasta después de la caída que le conoció como redentor. Ahí está la esencia que debe motivarnos a confrontar y perdonar.

III. Fundamentos del Matrimonio Bíblico

Sin duda, frente al panorama que hemos presentado emana de nuestro corazón el deseo de tener un matrimonio bajo la correcta perspectiva bíblica, es decir, pactual. Este deseo no está motivado por alguna expectativa personal sino por causa de la gloria a Dios. Pero debemos reconocer que esto supone un sacrificio. ¿Sabe por qué razón? Porque un pacto genuino siempre requiere de un sacrificio y esto lo confirma la Biblia al mostrar que no podía efectuarse ningún pacto sin un sacrificio. En palabras sencillas, la idea bíblica de pacto está conectada al sacrificio y su implicación es tomar una vida y entregar una vida. Nótese que el Antiguo Testamento muestra un extraño método en que las personas entraban en pacto el uno con el otro. Se tomaba el animal sacrificial, lo mataban, lo cortaban en dos partes, ponían las mitades en el suelo y caminaban entre ellas. En el pasaje de Génesis 15, observamos claramente que Dios mismo hace un compromiso con Abram utilizando este método. Aunque hay muchos detalles sobre esto, básicamente aprendemos que hacer un pacto con alguien es pasar con esa persona en medio de un sacrificio, la manera de entrar en un pacto es por medio de una vida de entrega al otro.

Una de las tendencias naturales es que pensemos que estos conceptos bíblicos sólo son ciertos y verificables en el Antiguo Testamento, pero nos equivocamos. Por ejemplo, en el pasaje de Hebreos 9:16-17, el autor de esta epístola refuerza esta idea y añade otros elementos que merecen ser resaltados. Un pacto es válido y eficaz solo cuando la persona que lo hace está muerta. Sabemos que el sacrificio expiatorio de Cristo es la base de nuestra redención y en muchos pasajes del Nuevo Testamento se sigue esta misma serie de conceptos; por ejemplo, note que en II Corintios 5:14-15 el apóstol Pablo afirma que el sacrificio en que se basa el nuevo pacto es la muerte de Cristo por nosotros y cuando reconocemos su sacrificio por la fe, se convierte en nuestra muerte. En otras palabras, Cristo no muere para sí mismo, sino para sus elegidos siendo el representante nuestro ante el Padre. De esta manera, su muerte se convierte en la nuestra (Romanos 6:8-11).

Así que, en términos de unión pactual, el sacrificio de Cristo fue sustitutivo, su muerte fue sustitutiva. Él muere por sus elegidos para que puedan tener acceso a un nuevo pacto, ahora no pasando por en medio de dos mitades de un animal, sino por su propia muerte efectuada por nosotros. De esta forma entendemos que el pacto solamente es efectivo en nosotros cuando nos consideramos muertos en él. Pero ¿cómo se aplica este concepto de pacto y sacrificio, particularmente al matrimonio? Hemos dicho que el pacto es válido solo si quien lo hace ha muerto, así que, si el matrimonio es un pacto entre un hombre y una mujer, el gran principio básico tiene su fundamento en la muerte de Cristo. Su muerte es la nuestra y a través de ella entramos en una relación pactual y eso se aplica en forma específica al matrimonio. Entender el matrimonio como un pacto nos conduce a entender que hay una vida que perder y una vida que encontrar. Si usted llega al matrimonio aferrándose a su propia vida, definitivamente no encontrará la vida que Dios ha diseñado para usted. En este pacto damos un paso de fe, pues entregamos nuestra vida en fe y encontramos una nueva vida que viene de la unión con otra persona, una vida que no podríamos tener solos. Por tanto, cada persona al casarse debe dar este paso de fe.

Nuevamente es preciso recordar que en el matrimonio no estamos experimentando, nos estamos comprometiendo. Y solamente una relación comprometida goza de la gracia de Dios sin la cual un matrimonio no puede funcionar según su voluntad, y por lo tanto, no le glorificará. Es la sola gracia divina la que provee un hombre y una mujer fielmente comprometidos, y, además, todos los recursos para que este pacto funcione. Quizá todos nos hemos preguntado en más de una ocasión ¿es posible vivir un pacto matrimonial o es solamente una ilusión? Definitivamente que sí es posible. La Biblia nos ha ofrecido un amplio argumento sobre la perspectiva pactual del matrimonio, tal como hemos visto. Sin embargo, esta perspectiva no debe limitarse solamente al plano dogmático, sino que debe mostrarse en el ámbito práctico. No basta tener un conocimiento sólido de lo que Dios espera en el matrimonio, sino que cada matrimonio cristiano debe ser un testimonio vivo y público de la voluntad de Dios para los casados. La manera de vivir en el matrimonio es un recurso que los cristianos tienen en su mano para mostrar el señorío de Cristo en esta sociedad postmoderna que no cree en el matrimonio y en el Dios que lo ha diseñado para gloria de Su Nombre.

Conclusión

En este acercamiento preliminar hemos intentado definir la idea bíblica de pacto en el matrimonio. Con esto hemos establecido los cimientos básicos para concebir y desarrollar nuestros matrimonios bajo una perspectiva pactual. Ha sido muy necesario establecer el contraste entre la filosofía humanista contractual y la perspectiva bíblica pactual, pues con ello se confirma que el fin principal del hombre de glorificar a Dios en todos los ámbitos de la vida, sólo se cumple en el matrimonio bajo una perspectiva pactual. En consecuencia, nos enfrentamos a la necesaria definición de principios bíblico-teológicos que aseguren a los casados vivir su matrimonio como una verdadera relación pactual. Por ello, tomando como base el preámbulo ofrecido en este primer capítulo, procederemos a estudiar en los siguientes capítulos una serie de cinco fundamentos cuyo propósito es ayudarle a consolidar su pacto matrimonial. Cada uno de estos fundamentos está basado en las Sagradas Escrituras y representa una letra de la palabra P-A-C-T-O bajo la figura de un acróstico que le sirva pedagógicamente para recordar estos fundamentos cada vez que en su matrimonio necesiten hacer memoria del pacto que le une a su cónyuge.

Preguntas de Estudio – Capítulo 1

Responda lo que se le indica en cada pregunta.
1. ¿Cuál es la *perspectiva* que utiliza el autor para definir y comprender el matrimonio?
2. ¿Qué tipo de *orientación* aplica la sociedad actual en sus actividades y sus relaciones, incluido el matrimonio?
3. ¿Cuál es la otra palabra relacionada al término "*pacto*" que es esencial para entender la revelación bíblica respecto al matrimonio?
4. ¿Qué significa el término "*uno*" cuando es aplicado a Dios y que igualmente se aplica a la relación matrimonial?

Responda "Falso" o "Verdadero", según corresponda.
5. Aunque no resulte cómoda para nosotros, la *perspectiva pactual* del matrimonio es la perspectiva de Dios y ampliamente revelada en las Escrituras.
6. La *victoria* en el matrimonio no debe limitarse a cumplir la voluntad de Dios en esta relación sino a cumplir nuestra satisfacción y expectativas.
7. De acuerdo con las Sagradas Escrituras, la *historia*

comenzó con un matrimonio, y de igual forma, concluye con un matrimonio.

8. La idea bíblica de *pacto matrimonial* no debe significar sacrificio; su implicación sólo es tomar una vida y disfrutarla juntos.

Reflexione con base al estudio de este capítulo.

9. Explique los *resultados* que se tendría al entender el matrimonio contractualmente y no con una perspectiva pactual. ¿Cómo se notan esos resultados en su contexto?

10. ¿Cuál es su opinión sobre la *perspectiva pactual* del matrimonio utilizada por el autor? ¿Utiliza usted esta perspectiva o tenía otra visión del matrimonio? Comente.

2

PUREZA:
Guardándonos en el
Matrimonio

Introducción

El primer fundamento para la consolidación del
pacto matrimonial es la pureza. Esta es una palabra
que no sólo es frecuente en nuestro lenguaje, sino
que tiene un uso cotidiano muy constante, lo cual
denota su importancia en términos prácticos. Vemos
a las esposas muy preocupadas por la pureza en los
alimentos; por ejemplo, al comprar productos lác-
teos, las vemos cuestionando el grado de su pureza.
En el caso particular de la leche, se aseguran que no
esté adulterada con agua. También vemos esa actitud en la valoración de algunos metales preciosos
como el oro; por ejemplo, al comprar una joya notamos que existen mecanismos para medir el grado de
pureza de una aleación de oro en términos de kila-
tes. El oro puro está integrado por veinticuatro partes de oro (24k) y cero partes de otro metal (0k). En
la medida que esa aleación incluye más partes de
otro metal, el grado de pureza se va perdiendo. Así
pues, en forma sencilla, pureza puede entenderse
como la "cualidad de un estado puro."[11] Hay varias

palabras que ayudan a tener un concepto más acabado de esta palabra; por ejemplo: *integridad, honra-
dez, decencia y dignidad.*

Utilizando estos cuatro aspectos de la pureza
podemos iniciar diciendo que alguien puro es una
persona íntegra, alguien que no vende sus principios
por nada, su voluntad no tiene precio, es decir, no se
le puede comprar. Incluso, una persona íntegra se
ofende al recibir una propuesta indecente. También
alguien puro es una *persona honrada*, alguien cuyas
manos siempre procura que estén limpias de culpa,
que nunca actuará más allá de lo debido. La honra-
dez está presente en muchas áreas sensibles en las
que se requiere su aplicación y por eso está relacionada con la confianza que no sólo se pierde por
asuntos de dinero sino por muchas otras razones.
Además, alguien puro es una *persona decente* y éste
es un aspecto conectado al testimonio, a la opinión y
escrutinio público. La manera en que se actúa ante
los demás determina el grado de decencia o de deshonra. Y para concluir, alguien puro es una *persona
digna* que conserva su estatus y buen nombre ante
cualquier circunstancia; es alguien que mantiene el
decoro de sus palabras y de sus acciones porque entiende que tales cosas impactan el testimonio.

I. Pureza Matrimonial

Sin duda alguna, Dios como autor del matrimonio
cumple con todas las implicaciones de la pureza; él
es un Dios integro, honrado, decente y digno, sin
embargo, conforme a su soberana voluntad, los matrimonios también deben de mantener una relación
pura, limpia y honrosa, sin caer en degeneraciones o

inmoralidades de cualquier tipo, manteniendo su relación en santidad delante de Dios. Bajo la perspectiva pactual del matrimonio, debe entenderse que un estado de pureza matrimonial es aquel en que no se ha alterado ningún aspecto establecido del orden de Dios para el matrimonio, y, en consecuencia, refleja su santa voluntad y rinde gloria a su santo Nombre (Hebreos 13:4; I Tesalonicenses 4:3-5). Por tanto, la pureza es una expresión de la vida piadosa que todo cristiano debe mantener en su matrimonio. Pero como éste es un tema muy sensible en asuntos de modestia, debemos preliminarmente señalar dos extremos peligrosos que deben ser evitados: *la moral victoriana* y la *filosofía hedonista*. El concepto bíblico de pureza y modestia está precisamente en el centro de esos dos extremos que hemos señalado.

La moral victoriana es la síntesis de las opiniones morales de los contemporáneos de la reina Victoria (1837–1901) y del clima moral general imperante en el Reino Unido en el siglo XIX y pretendía ser una defensa de la modestia y la castidad cuando en verdad no era otra cosa que una visión distorsionada del concepto bíblico de pureza. El hedonismo[12] es exactamente lo contrario; siendo una doctrina filosófica que proclama el placer como el fin supremo de la vida humana, sostiene que el fin último del hombre es alcanzar su propia satisfacción. Ambos extremos parten del mismo concepto y raíz, aunque lleguen a conclusiones distintas y antagónicas. La idea de la moral victoriana parte del supuesto que la sexualidad en el ser humano no es otra cosa que un apetito animal, y, por lo tanto, es feo, sucio y desagradable. Por su parte, la filosofía hedonista inicia en el mismo punto al considerar que el sexo es únicamente un apetito animal, con la diferencia que somos animales racionales, y por tanto, no hay nada de malo en satisfacernos aún en un contexto ajeno a la moralidad. La moral victoriana prefiere no hablar de algo tan feo y sucio como es el sexo, mientras que la filosofía hedonista de nuestra época no sabe hablar de algo más que no sea el sexo. Por ejemplo, observe al hombre postmoderno en el trato a los demás o en la venta de algún producto; notará que siempre la sensualidad está presente.

Ante esta realidad, los cristianos tenemos un llamado a ser responsables y rechazar ambos extremos. Para ello, debemos tomar como única base los lineamientos expresados en las Sagradas Escrituras respecto a la genuina pureza en el matrimonio. Dios ha hablado y nuestro compromiso es escuchar la voz de Dios contenida en la Biblia. Para entender y profundizar en la pureza matrimonial es necesario considerar principios esenciales que nos guíen en la vida práctica. Uno de estos principios bíblicos es el que llamaremos *principio de exclusividad* y con el cual explicamos el hecho que el matrimonio es el único ámbito diseñado por Dios para el amor sexual. En el pasaje de Génesis 2, notamos que bajo un contexto de soledad Dios crea para Adán una mujer que pueda suplir todas las necesidades de ese hombre. La frase "no es bueno que el hombre esté solo" (v18) indica que particularmente, hubo un tipo de necesidad que Dios vio en Adán y es la compañía; de hecho, la satisfacción a esa necesidad conduce a que Eva sea llamada ayuda idónea.

El principio de exclusividad también puede ser probado en I Corintios 6; en este pasaje vemos que

la unidad como una sola carne incluye la relación íntima de un hombre con una mujer. Por supuesto, no
es todo lo que implica la idea bíblica de ser una sola
carne, pero claramente el concepto de intimidad matrimonial está incluido en esa frase. Cuando se establece el orden divino para el matrimonio en Génesis
2:24, Dios no dice que el hombre se unirá a "una mujer" sino que se unirá a "su mujer." Lo que permite
que "una" mujer se vuelva "mi" mujer es el pacto
matrimonial que he realizado con ella; existe una
promesa que ha sido ratificada por medio de un juramento. No todas las promesas se constituyen en
un pacto, pero en el caso del matrimonio existe un
juramento que incluye la mutua promesa de pureza
del uno al otro. Una de las grandes necesidades que
quedan incluidas en este pacto es la necesidad de
compañía, misma que Dios vio en Adán y la suplió
al crear a Eva. Por ello, hablamos de un pacto de
compañía en el ámbito social, emocional, intelectual,
espiritual, y por supuesto, sexual. Es importante recordar que dos pasajes bíblicos vistos previamente
(Proverbios 2:16-17 y Malaquías 2:13-14) comunican
precisamente la idea que el matrimonio es un pacto
de compañía, una alianza de compañerismo.

Con base a lo anterior, afirmamos que el matrimonio es el ámbito que Dios ha diseñado para que
los casados sean compañeros de toda la vida y dis-
fruten juntos de tal compañía para la satisfacción de
sus necesidades sexuales. Fuera del matrimonio la
relación sexual es un acto pecaminoso ante Dios; así
que, donde este pacto no ha sido hecho, no hay derecho. Pero ¿por qué hablar de derecho? Remitámo-
nos al Decálogo que es considerado un resumen de
la ley moral de Dios. Sabemos que cada uno de los

diez mandamientos establece la santidad de un elemento en particular. En el pasaje de Éxodo 20:14 tenemos el séptimo mandamiento que establece la santidad del matrimonio incluyendo la santidad de las partes íntimas de los casados, esas que están reservadas o separadas para quien se convertirá en nuestro cónyuge. Este énfasis de santidad muestra que las partes íntimas deben mantenerse puras porque han sido separadas por Dios para un fin específico, no para nosotros mismos, ni para cualquier persona que no sea aquella con la que sellaremos ante Dios nuestro pacto matrimonial. Así que, la pureza en el matrimonio se refiere a una separación, a un acto de exclusividad de nuestra relación íntima con una sola persona por causa de la santidad que Dios ha establecido en su ley, la cual debemos cumplir.

En el pasaje de Cantares 4:8-12, el escritor bíblico muestra el diálogo de un esposo hacia su esposa y utiliza la frase "esposa mía" que denota pertenencia en el ámbito de la unión matrimonial. Además, se refiere a ella como "hermana esposa mía" que no debemos interpretar como alusión a una relación incestuosa, sino que debe entenderse a la luz de la enseñanza del apóstol Pedro cuando ordena a los esposos cristianos tratar a sus mujeres como coherederas de la gracia de Dios, es decir, nuestras esposas son hermanas nuestras en Cristo, son hijas de nuestro mismo Padre (I Pedro 3:7). También hay razones de tipo cultural y literarias en el uso del título hermana para referirse a la esposa; por ejemplo, "es una expresión romántica, empleada también en la poesía del antiguo Egipto"[13] que es contemporánea a la época de este libro. En tal sentido, el autor de Cantares se refiere al amor romántico entre la pareja, pero una pareja constituida por un hombre y 'su' esposa, lo cual se entiende a partir de la escena en que sucede este diálogo, "probablemente una cámara en el palacio de Jerusalén donde el rey está aguardando a la sulamita. Trata de ganarla con su esplendor y palabras de amante admiración."[14]

Así que, antes de cualquier esfuerzo para trasladar este panorama de amor conyugal a la relación de Cristo con su iglesia, debemos entender este pasaje en el ámbito del amor que Dios espera que haya entre los casados. Muchos han hecho aplicaciones profundas de estos pasajes pensando en Cristo y su iglesia, pero han sido tan escasos y limitados para aplicarlos a su propio matrimonio. Dios quiso entregarnos este libro especializado dentro del canon bíblico para tratar el tema de la relación matrimonial porque no es un asunto secundario sino esencial en su perspectiva pactual. Vemos a un hombre contemplando con ojos románticos a su esposa, pero ese es precisamente uno de los conceptos que carecen de importancia para muchos hombres (incluyendo los cristianos); creen que su esposa no es para tener romance. Guardaron todo el romanticismo para la época del noviazgo, pero una vez casados empezaron a perderlo hasta que llegaron a la resequedad. Esto se observa a diario en algunos signos sencillos; por ejemplo, se agotó el beso de bienvenida o despedida, olvidaron tomarse de la mano al caminar, etc. Un hombre que no ve a su esposa con una mente romántica ha perdido la visión que Dios tiene de la esposa en el matrimonio, ha perdido la perspectiva correcta y necesita recuperarla cuanto antes.

II. Pureza de la Intimidad

Hemos establecido la base para la pureza matrimonial, y sin duda, entendemos que la pureza que se demanda en el matrimonio en sí misma es integral, es decir, debe aplicarse en todos los ámbitos. Sin embargo, la Biblia nos ofrece indicaciones claras y suficientes referentes a la pureza en la relación íntima de los esposos. Para entender la pureza en este ámbito debemos partir de la pureza en la estructura matrimonial. Hemos establecido que entre otros atributos la pureza se refiere a la integridad, es decir, mantener sin alteración el estado de algo. Mantener la pureza del matrimonio en su estructura implica no cambiar ni alterar la forma en que fue diseñado por Dios. La estructura mostrada en I Corintios 11:3 es clara y precisa, pero muchos no se sujetan a ella y tomándose la atribución de alterarla han violentado la pureza del matrimonio en su diseño divino. Debemos mantener el matrimonio tal como se diseñó y se nos entregó porque solamente de esa manera se puede agradar a Dios (I Tesalonicenses 4:3-5). En un sentido, el matrimonio es un don de Dios, pero además es un instrumento de testimonio para mostrar Su voluntad; por tanto, debe emplearse tal como Él ha indicado y el libro de instrucciones que permite utilizarlo adecuadamente es la Biblia, ahí se nos revela la voluntad de Dios para el matrimonio.

Existen varias razones por las que Dios pide pureza especialmente en el ámbito de la intimidad matrimonial. Una de ellas y la más importante es la que ya señalamos en el apartado anterior, es decir, que la facultad sagrada de la procreación ha de emplearse sólo entre el hombre y la mujer legítimamente casados. El matrimonio debe ser entendido bíblicamente como una relación de intimidad santa. Resulta importante observar que en el pasaje de Hebreos 13:4 el escritor ha utilizado el termino griego *koitē* (gr. κοίτη) cuyo significado es "cohabitación, relaciones maritales"[15] y del que proviene nuestra palabra *coito*. Por tanto, el escritor está refiriéndose no a la cama que utilizamos para el descanso sino a la intimidad matrimonial que sostienen los esposos. Esto nos conduce a establecer otro de los principios esenciales para guiarnos en la vida práctica, lo llamaremos *principio de santidad* y con el cual explicamos el hecho que la intimidad matrimonial debe ser santa y sin mancha, en palabras sencillas, es una intimidad sagrada.

Pero ¿por qué es sagrada? Porque a pesar de ser un acto de satisfacción física conlleva la imagen de la relación espiritual entre Cristo y su esposa. Entendemos que es santa porque Dios la ha declarado santa tal como observamos en el Decálogo, pero, además, es santa porque apunta a la primera y más importante de nuestras relaciones: la relación que Cristo tiene con nosotros. En el pasaje de I Corintios 6:13-17 el apóstol Pablo explica en forma ilustrativa la unión espiritual que tenemos con Cristo conectando esa idea con la unión entre dos personas; por eso, la relación de intimidad de los casados debe ser santa. Pero un hecho muy interesante es que la misma expresión que aparece en Hebreos 13:4 para referirse a la santidad del matrimonio también aparece tres veces más en la Biblia: en Santiago 1:27 refiriéndose a la religión verdadera, en I Pedro 1:4 refiriéndose al cielo, y en Hebreos 7:26 refiriéndose a nuestro Señor Jesucristo. Así que, de acuerdo a las Escrituras, podemos afirmar categóricamente que la religión verdadera, el cielo, Cristo y la intimidad sexual en el matrimonio, tienen un componente común: la santidad.

De esta forma rechazamos bíblicamente el concepto pagano heredado por el catolicismo romano de la cultura griega, que veía en el acto sexual algo impuro. Por eso hacen del celibato una obligación y no aceptan que la madre de Jesús haya tenido una vida matrimonial ordinaria que incluyera la intimidad sexual con su esposo José. También en el pasaje de I Timoteo 4:1-5 el apóstol Pablo advierte que un signo de los apóstatas es que prohibirán casarse. Por ello, enérgicamente decimos que el ascetismo está tan lejos de la verdadera santidad como lo está el moralismo de la verdadera religión. Pero no sólo la iglesia católica romana ha incurrido en este error, también muchos cristianos toman una posición silente y prefieren no hablar de estos asuntos porque tienen una visión errónea del matrimonio, despreciando así este don que Dios nos ha concedido. Pero ¿sabe cuál es uno de los impactos más graves de esa visión errada de la intimidad sexual? No sólo se conducen a sí mismos a la desgracia sino también a su cónyuge. Considerar la intimidad sexual como impura, fea y desagradable no nos hace más santos, más bien, nos vuelve paganos porque rechazamos la perspectiva bíblica del sexo en el matrimonio.

La intimidad íntima física entre el esposo y la esposa es hermosa y sagrada; es ordenada por Dios para procrear hijos y para la expresión de amor mutuo. Dios ha mandado que la intimidad sexual se reserve para el matrimonio a causa de la procreación. No es necesario profundizar en la Biblia para descubrir la conexión entre la sexualidad y la procreación.

En el primer capítulo del libro de Génesis leemos que "creó Dios al hombre a su imagen, a imagen de Dios lo creó; varón y hembra los creó. Y los bendijo Dios, y les dijo: Fructificad y multiplicaos..." (1:27-28). Dios los hizo varón y hembra diciéndoles que fueran fecundos y que se multiplicaran. Observe la obviedad del mensaje: tengan y críen hijos como parte del ejercicio de su dominio sobre la tierra. Dios dotó a cada sexo con características físicas particulares que permiten funcionar de manera que, al unirse, puedan reproducirse y llenar la tierra, cumpliendo con el mandato que Dios ha entregado. Por separado, el hombre y la mujer no pueden reproducirse; tampoco en uniones del mismo sexo. Dios planificó la necesidad de interdependencia mutua para la procreación. De esta forma, los hijos como producto de la concepción, tienen componentes genéticos de ambos padres entremezclados. ¿Y qué es esto? Sin duda, ¡Es una maravilla! Por eso reafirmamos bíblicamente que sin la pureza en la sexualidad esto no sería posible.

Pero no debemos equivocarnos; la pureza sexual a que nos referimos es mucho más que no cometer fornicación; mucho más que no caer en una desviación sexual. La pureza sexual empieza con los pensamientos (Proverbios 4:23). Sabemos que la narrativa bíblica indica que en el antiguo tiempo era necesario *actuar* para que se atribuyera el pecado de inmoralidad; pero en tiempos del Nuevo Testamento, Jesús reforma esa perspectiva al indicar que sólo basta pensar para cometer actos impuros (Mateo 5:28). Así que, ya no son las *acciones* impuras de una persona las que determinan su falta a la intimidad en el matrimonio, sino las *intenciones* impuras que ocurren en el interior. Por esta razón, los matrimonios cristianos deben protegerse de la lujuria sexual tan accesible en la sociedad postmoderna actual. No es un secreto que estamos bombardeados por imágenes sexuales, pornografía fácilmente accesible, programación televisiva deshonesta siendo transmitida abiertamente, y si todo esto no fuera suficiente, estamos enfrentando una cultura de vestimenta que se ha vuelto cada vez más provocativa y sensual, en hombres y mujeres.

Ante este panorama que seguramente conocemos, pero no siempre nos detenemos a ver con la óptica bíblica, tenemos un gran compromiso ante Dios y nuestro cónyuge. La importancia de mantener pura la intimidad matrimonial radica en el pacto que sostiene la relación del uno con el otro, es una relación exclusiva que hace exclusivo el goce de las partes íntimas, pero, además, es una relación que integra todo lo que somos. Al respecto, Tim Keller señala que "el sexo no tiene que ver tan solo con lo físico y material, sino que afecta a nuestro ser interior, a nuestra personalidad. El pecado, que en primer lugar es un problema de la voluntad, puede afectar de forma muy particular en el área de lo sexual. La pasión y deseo de sexo se han distorsionado extraordinariamente. El sexo es, en esencia, una entrega generosa de uno mismo en el ámbito de una vida compartida. El corazón de pecado que anida en el ser humano busca el sexo por motivos egoístas."[16] No dudo que esta perspectiva nos hace pensar en la gran cantidad de casos de infidelidad que hemos visto a lo largo del tiempo (incluyendo a cristianos); sin embargo, debemos estar seguros que la Biblia no ha guardado silencio en responder a la pregunta

¿qué hacer ante la impureza? En el siguiente apartado veremos de forma breve y concisa este aspecto.

III. Venciendo la Impureza

Debemos iniciar diciendo que el matrimonio es una relación en la que los esposos crecen cada día en pareja por la gracia y el poder de Dios; no es una relación que dominamos de inmediato, sino que se va consolidando con el paso del tiempo. El amor, el respeto y la entrega mutua a la que somos llamados se va perfeccionando a medida que la experiencia matrimonial se hace más amplia. Resulta muy ilustrativo observar el relato que nos ofrece el pasaje de Génesis 2:8 donde leemos que "Jehová Dios plantó un huerto en Edén, al oriente; y puso allí al hombre que había formado." Tenemos varios detalles a considerar: Primero, Dios crea previamente un huerto fértil, un lugar especial, un espacio idóneo para luego colocar en él al hombre. Segundo, Dios llama a ese lugar Edén que es un nombre hebreo *ē'•ḏĕn* (heb. עֵדֶן) cuyo significado es *placer, deleite, o sea, un gozo intenso.*[17] La implicación es que Dios coloca al hombre en un lugar especial de gozo intenso. Tercero, el Edén no es toda la Tierra, solo es un lugar con dimensiones delimitadas pues vemos que cuando el hombre peca Dios lo expulsa de ese lugar. La implicación aquí es que Dios estableció límites para Edén; si el hombre quería permanecer en ese lugar de placer y gozo intenso, debía conservarse dentro de los límites que fueron establecidos por Dios.

Así pues, el principio que podemos obtener de este pasaje es que Dios preparó primero un lugar idóneo y especial para el placer en pareja. Luego crea a la pareja, cada uno con las características físicas y emocionales necesarias para disfrutar, según el diseño divino, de ese lugar reservado para el placer, el deleite y el gozo íntimo del matrimonio. Ese diseño incluye varias hormonas que Dios puso en el cuerpo humano para que se ocupen en forma especial del placer y deleite que produce la relación de intimidad matrimonial. Así que, es la voluntad de Dios que el hombre y la mujer experimenten este gozo intenso, pero dentro de los límites que Él mismo les ha establecido, y por supuesto, ese límite se llama matrimonio. Lamentablemente, desde muy temprano en la historia de la humanidad se ha podido observar la tendencia a traspasar este límite divino e intentar gozar de la intimidad sexual fuera de la relación matrimonial. Esa tendencia es explicada en la Biblia como una evidencia de la condición caída del hombre. El apóstol Pablo al describir la culpabilidad del hombre señala que "profesando ser sabios, se hicieron necios… Por lo cual también Dios los entregó a la inmundicia, en las concupiscencias de sus corazones, de modo que deshonraron entre sí sus propios cuerpos" (Romanos 1:22,24).

Esa tendencia hacia la impureza es reconocida por la Biblia en diferentes contextos. Pero uno de los mejores pasajes del Antiguo Testamento para entender este asunto se ofrece en el libro de Proverbios; ahí encontramos una clara amonestación contra la impureza. En el pasaje de Proverbios 5:15-20 notamos a un padre entregando consejo a su hijo varón para que se conserve puro en su relación matrimonial. Pero algunos detalles de ese pasaje son muy relevantes. Nótese que hay por lo menos tres hebraísmos[18] utilizados para referirse a la mujer en el ámbito de la intimidad sexual; éstos son *cisterna, raudal y manantial*. Cada uno de éstos comunica la idea que la esposa en el matrimonio es para su esposo como el *agua fresca, cristalina, limpia*. Luego, vemos dos ideas importantes: la *bendición* de esta agua (v.18) y la *satisfacción* en esa agua (v.19). Esto nos comunica que el hombre debe mantener una relación íntima sólo con la única fuente que posee la bendición de Dios y esa es su propia esposa; además, esa fuente debe serle suficiente para su gozo y placer. El pasaje concluye con la amonestación de no andar ni tener relación alguna con la mujer ajena. La pureza en el matrimonio queda acentuada en este pasaje.

Sin embargo, debido a que la impureza es un riesgo que enfrentan también los creyentes, es preciso saber ¿Cómo vencer la impureza? Debemos comenzar por entender que bajo una perspectiva pactual del matrimonio, la pureza trasciende el respeto al templo físico al que asistimos, más bien se refiere a que los esposos deben ser puros porque son el Templo de Dios (I Corintios 6:18-20). Este es el argumento más sólido por el cual se vive en pureza matrimonial. El apóstol Pablo utiliza la figura de *templo* para establecer cuál es la importancia de la mayordomía que debemos ejercer del cuerpo con el propósito de dar gloria al Nombre de Dios. En ese sentido, Guillermo A. Paul dice que: "la palabra que se traduce 'templo' en el original lleva el significado del lugar santísimo donde permanece Dios... En I Corintios 6:19-20 dice que el cuerpo del creyente es templo del Espíritu Santo, indicando que el individuo también es templo y morada del Espíritu de Dios."[19] La indicación es que los casados mantengan una pureza coherente en lo público y lo privado, es decir, que de la forma en que se valora la pureza en las *instalaciones* de un templo físico, así también sean puras las *relaciones* del templo espiritual que somos.

En términos prácticos, sólo cuando los esposos son sexualmente puros, hacen y guardan convenios sagrados en el templo físico y en el íntimo. No es posible pretender ser puros dentro del templo al que asistimos si no mantenemos un estado de pureza en el templo que somos; no podemos presumir pureza ante Dios que no vemos, si no somos puros ante nuestro cónyuge que vemos. Mantener un convenio de pureza matrimonial protege a los casados del daño espiritual y emocional que resultaría al compartir la intimidad sexual fuera del matrimonio; además, evita daños físicos como enfermedades nocivas y el daño emocional hacia los hijos. Sin duda, debido a que vivimos en medio de una sociedad en que se tolera la impureza, los cristianos tenemos un llamado imprescindible a la pureza, ya que ella muestra el carácter del Dios al que pertenecemos y cuya voluntad es nuestra santificación, es decir, que vivamos en un estado apartado de pureza (I Tesalonicenses 4:3). A continuación, veremos tres elementos bíblicos que pueden ser de mucha utilidad práctica para que los casados puedan vencer la impureza en el matrimonio.

1. *Dios nos dará la salida* (I Corintios 10:13). Debemos reconocer que en la Biblia no se ofrece garantía de excepción ante la tentación. Los cristianos estamos expuestos a una gran cantidad de maneras en que podríamos caer en impureza dentro del matrimonio; sin embargo, el apóstol Pablo ha señalado que no tenemos excusa para caer en la impureza puesto que "no ha sobrevenido ninguna tentación que no sea humana", es decir, nada de lo que tengamos que enfrentar excederá los límites de nuestra capacidad para resistir. La otra indicación que se ofrece en este pasaje es que Dios "dará también juntamente con la tentación la salida," es decir, aunque la posibilidad de caer en impureza es real, también lo es la salida para no caer en ella. Este componente es importante porque les ofrece a los casados la seguridad de que Dios los acompaña. Comprobamos esta garantía en el hecho que Dios mismo nos da la salida cuando inevitablemente estemos frente a la tentación, cualquiera que esta sea.

2. *Dios nos ha dotado para resistir* (Efesios 6:13). Un componente importante del diseño divino que es restaurado en la regeneración es la capacidad de resistir. Ante la ocasión de caer en impureza, Dios no solamente ofrece una puerta para salir de ella, sino que nos ha dotado de capacidad para efectivamente tomar la decisión de salir por esa puerta. Nótese que son dos elementos conectados pero distintos. Lo uno, es la opción de no caer en la tentación, y lo otro, es la capacidad para elegir esa opción. Esto último solamente le es posible a quienes han nacido de nuevo y habiéndose vestido con la armadura completa de Dios, pueden "resistir en el día malo, y habiendo acabado todo, estar firmes." Debería resultarle muy gráfico a los matrimonios cristianos el ejemplo de armadura utilizado por el apóstol Pablo, pues la falta de uso de alguna de sus partes (yelmo, espada, escudo, etc.) podría ser la causa que una invitación a la impureza pueda conducirnos al pecado.

3. *Dios nos indica el método* (Mateo 26:41). Quizá una de las formas más concisas y esenciales en que se nos indica cómo vencer la tentación es la que ofrece este pasaje, en dos palabras se nos advierte: "velad y orad." Primero, la vida matrimonial debe tener un carácter vigilante, no subestimar ningún signo de impureza por pequeño que parezca. La falta de atención oportuna a un pequeño detalle en este ámbito, podría conducirnos más tarde a enfrentar un problema incontenible. Por ello, la advertencia a velar también tiene la implicación de atender el consejo de Dios en las Escrituras. Segundo, la vida en pareja debe conducir necesariamente a una vida de oración conyugal, un espacio íntimo en que los esposos se presentan a Dios en oración preventivamente. No buscando respuestas en la oración, sino orando como respuesta ante nuestro compromiso con Dios y con nuestro cónyuge. La oración es una disciplina espiritual que todo matrimonio necesita.

Conclusión

Hemos considerado la pureza como el primer fundamento de un matrimonio bíblico. En el recorrido de nuestro estudio determinamos que el matrimonio cristiano se compone de dos hijos de Dios, y por lo tanto, ambos deberán buscar cada día morir para sí mismos, morir para el pecado, y vivir para la gloria de Dios. Esto traerá gozo espiritual a su matrimonio y conducirá a la consolidación de su relación. La Biblia nos manda a cuidar la intimidad sexual en el matrimonio, así que, no permita que el pecado altere la vida matrimonial que Dios ha diseñado para usted y su cónyuge. El placer sexual sólo debe ser disfrutado dentro de los parámetros descritos en la ley moral de Dios, puesto que eso nos asegura que estamos dentro de las condiciones óptimas para que ese placer no sea dañino, para uno mismo ni para otros. También aprendimos que la pureza sexual se manifiesta en todas las áreas de la vida y va desde los pensamientos hasta el comportamiento. Por eso, la pureza sexual implica limpieza; no alterar el diseño divino ni en su forma ni en su uso. El fundamento de la pureza enseña que todo inicia en el corazón, en lo más íntimo del ser y que la pureza es imprescindible para estar cerca de Dios. Nunca olvide que la pureza sexual se evidencia en una vida espiritual que florece en sumisión a la Palabra de Dios, y se deleita en Su diseño y cómo Sus propósitos divinos se cumplen. Procure que su mente y corazón estén anclados en la pureza de su santo Dios y nunca en sus propios deseos.

Preguntas de Estudio – Capítulo 2

Responda lo que se le indica en cada pregunta.
1. ¿Cuáles son las *palabras* que ayudan a tener un concepto más acabado de la pureza?
2. ¿Cómo se llama el *principio bíblico* con el cual se explica el hecho que el matrimonio es el único ámbito diseñado por Dios para el amor sexual?
3. ¿Cómo se llama el *principio bíblico* con el cual se explica el hecho que la intimidad matrimonial debe ser sin mancha por ser una intimidad sagrada?
4. Según el autor, ¿Cuáles son los *tres elementos* que Dios provee para que los casados puedan vencer frente a la impureza en el matrimonio?

Responda "Falso" o "Verdadero", según corresponda.

5. La compañía resulta una buena circunstancia, pero no es una de las grandes necesidades incluidas en el *pacto matrimonial*.

6. Considerar la *intimidad sexual* como impura, fea y desagradable no nos hace más santos, más bien, nos vuelve paganos.

7. Solamente cuando los esposos son *sexualmente puros*, hacen y guardan convenios sagrados en el templo físico y en el íntimo.

8. La *impureza sexual* es un impulso inevitable por causa de la caída del hombre por eso no se constituye en un acto de culpabilidad.

Reflexione con base al estudio de este capítulo.

9. Explique la importancia de mantener una *pureza matrimonial* coherente en lo público y lo privado. ¿Qué implicaciones tiene este aspecto en la vida y el ministerio?

10. Según su opinión, ¿cómo están cumpliendo los matrimonios el fundamento de *Pureza* en el ámbito cristiano? ¿Qué sugerencias ofrece para cumplirlo? Comente.

3

AMOR:
Valorándonos en el Matrimonio

Introducción

Generalmente cuando se habla de amor viene a nuestra mente un limitado concepto de sentimientos debido a que el amor está relacionado con un sentimiento humano. La base de esta idea conceptual radica en que las personas sienten algo por otra persona cuando la aman. Y efectivamente, amar a alguien implica sentir algo por esa persona pero no lo es todo, pues el amor no está limitado al plano sentimental en su definición. Cada persona tiene su propio concepto del amor basado en su propia experiencia de amar o ser amado; sin embargo, lo esencial es construir nuestro concepto a partir de lo que Dios piensa sobre el amor, pues en definitiva, Él es amor y nos lo ha revelado a nosotros. ¿Qué es el amor, según la Biblia? Para responder esta sencilla pero esencial pregunta resulta muy útil e ilustrativo el pasaje de I Juan 4:7-12. El apóstol Juan, que es considerado el teólogo del amor, con mucha claridad se refiere a este tema. Para él, amar es un acto de la voluntad y no sólo un sentimiento. Esto lo vemos reflejado en el hecho que alguien podría no ser sentimentalista pero tener amor por una persona; en otras palabras, la esencia del amor no está limitada al ámbito de las *emociones*, pues demuestra con *acciones*.

Cuando el apóstol Juan hace este llamado a amarnos, lo hace pensando en la clase de amor que hemos recibido de Dios. En tal sentido, no se pide algo desconocido, tampoco algo que no hayamos experimentado antes. Así que, en el ámbito del matrimonio, no se les pide a los esposos que ofrezcan un amor que no hayan recibido primero, pues ya lo recibieron de Dios. El amor de Dios es definido como *ágape* (gr. αγαπαη) y se considera que: "es el término bíblico más significativo para 'amor'. Se encuentra casi en forma exclusiva en la Septuaginta y en el Nuevo Testamento. El término griego αγαπαη (agápe) es el que expresa con mayor exactitud el significado cristiano de amor."[20] En I Juan 4:7, al decir "amémonos" se ha utilizado el termino *agapōmen* (gr. ἀγαπῶμεν) que viene de *ágape*; así que, el llamado es a amarnos con la misma clase de amor con que Dios nos ama. La importancia de señalar este aspecto es por razones de diferenciación; debemos recordar que existen otras dos clases de amor: "*Eros* (sust. gr. Ερως) que describe el amor apasionado que desea a la otra persona con el fin de experimentar satisfacción personal. *Fileo* (sust. gr. φιλια) que generalmente indica el amor entre seres humanos, o el amor entre amigos. A diferencia de estos, en *agapao* no se encuentra la pasión de *eros* ni el entusiasmo de *fileo*. Agapao es *estimar a una persona más que a otra*."[21]

El segundo fundamento para la consolidación del pacto matrimonial es el amor. Claro que no es segundo por menor importancia sino por el orden en el acróstico P-A-C-T-O que estamos estudiando. El amor consolida el fundamento de la pureza que hemos visto en el capítulo anterior, la razón es que solo cuando somos puros estamos en condición de amarnos con la calidad de amor que Dios espera que ofrezcamos. Por ello, debemos iniciar diciendo que cuando dos personas inician su vida matrimonial lo hacen sabiendo que son amados y que ese amor es mutuo, por lo que pueden comprometerse libremente el uno con el otro de por vida. A partir de ahí, ambos son responsables de mantener esa actitud de amor durante todo el matrimonio. Recuerdo que en una ocasión un estudiante del seminario me dijo que este principio no aplicaba en el Antiguo Testamento porque las personas de aquel tiempo se casaban vinculadas por un contrato y no como fruto del amor por la otra persona. El argumento de mi estudiante parecía tener lógica histórica, sin embargo, no tenía razón debido a que él había olvidado un detalle que culturalmente es significativo en este asunto.

Los judíos proveían las condiciones para que las mujeres jóvenes se guardaran en pureza hasta que llegara el momento en que su padre hiciera el arreglo matrimonial; la larga espera hacía que ellas amaran a ese hombre que aún no conocían porque confiaban que su padre no traería cualquier clase de hombre a casa. Un ejemplo muy ilustrativo se presenta en Génesis 24 cuando se narra la forma en que Abraham busca esposa para Isaac, pues debemos entender que "el hecho de que Abraham arregle el asunto del casamiento de su hijo… está de acuerdo con la costumbre de la época. El relato es sumamente

interesante por su revelación de costumbres primiti-
vas."²² Si recordamos, antes señalamos que el matrimonio se inicia sabiendo que se es amado, pero en el
contexto cultural judío ¿cómo confiaban que quien
iba a ser su esposa o esposo sería alguien que mere-
ciera su amor? ¿en qué o en quién radicaba esa confianza? Por el relato bíblico y la evidencia cultural,
la decisión del padre era la base de la confianza para
amar a la otra persona sin aún haberla visto. Esto
tiene una implicación en nuestra relación pactual
con Dios. ¿Ha visto usted a Cristo? ¿Por qué le ama
sin haberle visto aún? Por el decreto de elección mediante el cual le fuimos entregados como esposa a
Cristo por decisión del Padre (Efesios 1:4).

El amor eterno con el cual Dios nos ama es el
que sustenta y sostiene nuestra relación con él; y de
igual forma, el amor matrimonial es la base del pacto
que une a los esposos. Le invito a pensar por unos
segundos en su vida cristiana y las muchas ocasiones que ha enfrentado dificultades de salud, econó-
micas, familiares, laborales, incluso circunstancias
de muerte. ¿Por qué sigue dando su voto de confianza a Cristo a pesar de las diversas dificultades
que ha enfrentado? Es porque, aunque usted no le
conoce sabe con seguridad que él le ama, pero, además, Él conoce que usted le ama también. Esto
mismo se aplica en el matrimonio porque el amor
mutuo genera la pertenencia mutua y esto conduce
a una vida de plena confianza. Recuerde que la confianza en el cónyuge no depende de lo que pueda
hacer por usted, porque si alguna circunstancia lo
impide ¿dejará de confiar porque ya no hace lo que
antes hacía por usted? ¡Claro que no! Por ejemplo,
actualmente mi esposa puede hacer muchas cosas

porque tiene la edad, habilidad y agilidad para hacerlo, pero mi amor por ella no depende de esas cosas porque llegará tiempo en que ya no las podrá hacer. Ella confía en mí y yo confío en ella porque nos pertenecemos el uno al otro.

A propósito, esto mismo ocurre en nuestra relación con Dios. ¿Acaso confiamos en Él por las cosas que hace por nosotros? ¿Confiamos en él porque nos da salud, trabajo, bienestar, etc.? ¡Claro que no! Porque si mañana ya no lo recibiéramos, aún tendríamos que confiar en él. Nosotros confiamos en Dios porque le pertenecemos. De esta forma entendemos que el amor está ligado a la pertenencia; amamos y confiamos en nuestras esposas porque nos pertenecemos. Por esto confirmamos que el amor en el matrimonio no es un sentimiento romántico; el amor es un acto de pertenencia mutua, un estado de comunión íntima y profunda. Es el amor que se encarga de enseñar a los esposos que "ellos no tienen nada propio. Todo lo que el esposo tiene es para la esposa. Todo lo que la esposa tiene es para el esposo. Ninguna reservación, nada propio. Es una fusión, no una sociedad… El que se acerca al matrimonio bajo la perspectiva de un pacto no pregunta: ¿qué puedo conseguir? Más bien, pregunta: ¿qué puedo dar? Y luego contesta su propia pregunta: Yo doy mi vida. La entrego para ti, y ahí encuentro mi nueva vida en ti."[23] Un amor genuino por supuesto que tiene algo de emocional, pero en esencia, es *una manera de pensar y actuar por el bienestar del cónyuge*. Esta es la clase de amor que Dios espera y en los siguientes apartados notaremos cuatro aspectos que lo definen.

I. Amor Incondicional

El primer aspecto del amor matrimonial es que se brinda sin condiciones. Debemos saber que el amor no es algo que se nos da hecho; es algo que se debe construir. El amor no es un castillo imaginario, es un hogar real; y la importancia de recordar esto radica en que la mayoría de casos son matrimonios de buenos esposos y esposas, pero no se les valora adecuadamente, porque se anhela al hombre o la mujer sentimentalista que el mundo nos hace creer que necesitamos. En cambio, el amor genuino, aunque no parezca sentimental, es totalmente real. Piense en la demanda de santidad que Dios le hace a su pueblo; eso no parece algo sentimental, más bien, parece algo duro y áspero para el hombre natural. Pero al pedirnos santidad, rectitud y obediencia para andar según su voluntad, Dios nos está amando. Aunque no lo parezca, es un acto de amor real. Así mismo, en el ámbito matrimonial, es probable que no estemos valorando el amor que ya tenemos en casa por esperar algo que nunca va a llegar, por anhelar una clase de amor que hemos idealizado. Y precisamente esa falsa idea de amor es la que mueve a los cónyuges a establecer una serie de condiciones hacia la otra persona, esperando algo que no podrá ofrecerle.

En el pasaje de Efesios 2:8 se nos ilustra una verdad muy conectada al verdadero amor incondicional. La salvación es un acto del amor incondicional de Dios hacia los elegidos motivado por la gracia, llevado a cabo por medio de *la fe* y recibido como un *regalo* para el que no había méritos propios. La razón por la que el amor es incondicional es porque amar es una elección. Piense por un momento ¿por qué el esposo está llamado a amar a su esposa incondicionalmente, y viceversa? Sencillamente porque eligieron amarse. No hubo fuerza para tomar esa decisión, lo que hubo fue voluntad para elegir. El Reverendo Charles H. Spurgeon muestra este aspecto cuando explica el principio de elección de la iglesia bajo la figura de esposa de Cristo. En su exposición dice: "¿Acaso alguno de los aquí presentes estaría de acuerdo que le fuere impuesta una esposa? No hay nadie entre nosotros que se rebajaría por un solo instante a renunciar a sus derechos para elegir a su propia esposa; y ¿acaso Cristo dejaría al azar y a la voluntad humana la decisión de quién habría de ser Su esposa? No; mi Señor Jesús, el Esposo de la Iglesia, ejerce la soberanía que Su posición le confiere, y selecciona a Su propia esposa."[24]

Si elegimos amar a nuestra esposa y ella elige amarnos, lo menos que podemos hacer es amarnos incondicionalmente, de la misma forma en que Dios lo ha hecho con nosotros. En Efesios 2:8 claramente el apóstol Pablo ha señalado que el amor de Dios es un regalo que recibimos de Él, sin condiciones, sin méritos en nosotros para recibirlo. Ahora bien, ¿cómo vemos el amor incondicional hacia nuestra pareja? ¿es un regalo o una exigencia? Por supuesto que es un regalo. Veamos la obra de Dios que no habiendo méritos en nosotros para que fuéramos elegidos, él decide elegirnos; y como lo hace por su propia voluntad, no pone condiciones. En el matrimonio sucede lo mismo; no hay condiciones para amar porque fue nuestra elección amar a nuestro cónyuge. Una de las áreas prácticas en las que puede verse actuando este componente es la consejería ma

trimonial. Cuando se enfrenta algún riesgo de ruptura entre los esposos, lo primero que debemos preguntar es: ¿por qué se quiere ir? ¿por qué quiere
abandonar a esta persona que usted mismo eligió?
La idea es recordarles que su primer gran compromiso es amar sin condiciones porque cuando elegimos nuestra pareja sabemos que es una persona con
errores y deficiencias.

Así que, cuando comenzamos a poner condiciones a nuestro cónyuge, sería natural que recibiéramos su reclamo de porqué lo elegimos. El compromiso pactual que adquirimos el día que nos unimos
en matrimonio, incluye expresamente la promesa de
amarnos en toda circunstancia y ante toda dificultad. Por ello, el apóstol Pablo ordena tanto al esposo
como a la esposa, a mostrar un amor sin condiciones.
Muchos han querido mostrar un énfasis más extremo de este llamado hacia el hombre solamente;
sin embargo, tenemos la ordenanza hacia los esposos a que amen a sus esposas (Efesios 5:25) y el desafío hacia las mujeres a que amen a sus esposos (Tito
2:4). Esta uniformidad bíblica en el llamado hacia el
amor incondicional es sumamente importante porque promueve la unidad y evita la confrontación de
alguno de los dos. Por ejemplo, con alguna frecuencia se escuchan los siguientes reclamos: "si no fueras
así, las cosas serían diferentes"; o bien, "si fueras de
tal o cual manera, la realidad sería otra", etc. En
esencia, esas son condicionantes con disfraz de reclamo que pueden ser disueltas si la pareja vive una
relación de amor sin condición.

Los dos pasajes citados anteriormente ofrecen
un panorama claro sobre este asunto. En Efesios
5:25, William Hendriksen observa que el amor del

esposo debe ser "cimentado, íntegro, inteligente, y definido, un amor en que toda la personalidad se exprese. La principal característica de este amor, no obstante, es que es espontáneo y abnegado, puesto que se compara al amor de Cristo que le llevó a darse a sí mismo por la iglesia. Un amor más excelente que éste no es concebible. Cuando un creyente ama a su esposa en esta forma, la obediencia por parte de ella se hace fácil."[25] Por otra parte, en Tito 2:4 a las mujeres con más experiencia se les demanda enseñar a las mujeres jóvenes a amar al esposo. En esta demanda está incluido el propio compromiso porque tal enseñanza no será fructífera si ella no está amando a su propio esposo. En ese sentido, si el amor es algo que puede ser enseñado y aprendido entonces no es algo fuera de nuestro alcance. Nosotros elegimos la actitud para con el cónyuge. El amor es algo que podemos aprender del ejemplo de Cristo con su iglesia. Él se presenta como un esposo que ofrece un amor incondicional, y ella responde amándolo con la misma calidad de amor que recibe de él.

II. Amor Sacrificial

El segundo aspecto del amor matrimonial es que implica un sacrificio. La crucifixión es el símbolo del amor soberano de Cristo. Cuando olvidamos el significado de su sacrificio solamente nos centramos en los aspectos físicos de la crucifixión, es decir, las heridas, los azotes, la corona de espinas y los clavos. Pero su verdadero sacrificio no fueron estos elementos de martirio, sino el abandono del Padre. Un pasaje muy particular que ofrece una perspectiva de este sacrificio es Juan 12:27. Aquí notamos un discurso de Jesús sobre su muerte frente a una gran multitud. Él inicia expresando la condición de su propio estado interior al decir "está turbada mi alma" y con ello, muestra la angustia profunda de su corazón ante la inminente realidad de cargar con la ira del Padre en forma sustitutiva por los pecadores. Nótese con suma importancia que esta expresión de su corazón se está manifestando anticipadamente; es una angustia que no está conectada con los elementos visibles de su martirio, sino con el sentido vertical de su función redentiva. Jesús sabe la implicación de tomar nuestros pecados y ofrecerse como sacrificio expiatorio a nuestro favor.

Pero la esencia de este discurso gira alrededor de las preguntas que Jesús se auto-formula en este pasaje. Ante la expresión de su estado de angustia, Jesús exclama: "¿Y qué diré? ¿Padre, sálvame de esta hora?" Estas interrogantes muestran la argumentación del Hijo de Dios encarnado frente al plan redentivo, que por supuesto, incluía su sacrificio. Para el Padre no sería nada fácil ver al Hijo siendo humillado, escupido, latigado, coronado con espinas y crucificado por causa de otros ¡no es fácil para ningún padre! Pero Jesús no se ampara en su condición de Hijo para reclamar una salida anticipada. Las preguntas que se ha hecho ante la multitud muestran su determinación hacia la labor redentiva. Bajo el criterio de Jesús, no era una opción pedir al Padre que lo salvara de este sufrimiento que le conduciría a su sacrificio. Aquí tenemos una explicación muy clara de lo que significa amar con sacrificio. Observe que la salvación de Jesús hubiera significado nuestra muerte eterna, pero gracias a su sacrificio vicario, su muerte en la cruz permitió nuestra salvación eterna.

La travesía de su sacrificio inicia colocándose voluntariamente en nuestro lugar.

El pasaje concluye con la declaración de Jesús sobre el propósito de su acción vicaria: "para esto he llegado a esta hora." Jesús dice que, a pesar de su angustia, no retrocede, sino que acepta su papel y se encamina hacia el cumplimiento de la voluntad del Padre. Si Jesús decidía retroceder, ¿qué de lo que había dicho y hecho? Su amor por la iglesia, su esposa amada, fue más fuerte que algún deseo propio de retroceder en este camino de sufrimiento que traería salvación eterna para ella. De igual modo, los casados deben tener una perspectiva de amor sacrificial tomando el ejemplo de Cristo. La vida matrimonial es un camino que requiere esta clase de amor, porque en algunos tramos de este camino nos encontraremos con situaciones difíciles y dolorosas que pondrán a prueba la calidad de amor que estamos entregando. Seremos tentados a abandonar el camino a causa del dolor y la angustia; sin embargo, debemos recordar el amor sacrificial de Cristo. Aunque duela mucho seguir amando, debemos hacerlo y nunca dejar de avanzar. Cada matrimonio es un testimonio de la obra de Dios; cada año de vida matrimonial que acumulamos, debería ser una razón para nunca ver como opción el abandono de nuestro pacto, sino que, viendo el ejemplo de Jesús, sigamos amando, aunque eso implique un alto sacrificio de vida.

Definitivamente el amor en el matrimonio es sacrificial; habrá momentos en que debamos renunciar a nuestro propio bienestar, pero siempre vale la pena hacerlo. Nunca debemos retroceder, nunca debemos siquiera ver atrás. Pero debemos cuidar de no equivocarnos al entender bíblicamente el amor sacrificial; no nos referimos a un acto masoquista porque tal concepción es egocéntrica, pone la propia satisfacción como motivo del sufrimiento. En la actualidad, muchos matrimonios enfrentan el sufrimiento, pero no por los motivos adecuados. Todos los matrimonios sufren, pero no todos perciben la verdadera naturaleza de ese sufrimiento. Sería natural preguntarse: ¿Por qué el amor siendo el más puro de los afectos con frecuencia nos conduce al sufrimiento? La explicación a esta interrogante yace en el pecado. Las experiencias humanas más dolorosas son el desengaño, la traición o la desilusión amorosa que ocurren en el ámbito matrimonial donde están involucradas promesas de permanencia y fidelidad, Por causa del pecado, el amor es necesariamente sufrido. ¿Y quién no ha sufrido por amor? Dios mismo ha sufrido por el mismo motivo.

Así que, la perspectiva bíblica del sufrimiento no es egocéntrica, es redentiva. Cuando el Hijo de Dios muestra su amor sacrificial por nosotros, lo hace satisfaciendo el precio que no podíamos pagar por nuestra propia cuenta. El apóstol Pablo explica esto al ofrecer un resumen importante del mensaje del evangelio en II Corintios 5:21. ¿Exactamente qué ocurre en el sacrificio de Cristo? Este pasaje y su contexto explican que Dios asigna la responsabilidad de nuestro pecado a su propio Hijo, haciendo posible que él recibiera justamente el castigo que nosotros merecíamos. Cristo acepta ser nuestro sustituto y toma la pena de nuestro pecado. En términos prácticos, vemos su amor sacrificial poniendo su vida por la nuestra. ¡Eso no es sufrir por satisfacción, esto es sufrir por redención! Quizá no haya otro aspecto que más nos aliente a entregarnos sacrificialmente por el cónyuge que este acto redentivo mostrado en Cristo; un acto que demuestra que cuando se ama en verdad, se está dispuesto a sufrir aún la más grande de las consecuencias.

¿Quién no da la cara por su esposa a quien ama? Cristo lo hizo por su esposa, la iglesia. Por ella nadie podía hacer algo; estaba perdida y Cristo la encontró, estaba sucia y Cristo la purificó con su propia sangre, estaba bajo una condena de muerte eterna y Cristo se puso en su lugar para salvarla. El apóstol Pablo señala que Cristo "no conoció pecado" pero el Padre "le hizo pecado por nosotros." Si tan solo tomáramos este breve resumen del evangelio, el mundo actual tendría otra perspectiva del Dios que diseñó y ordenó el matrimonio como una relación para testificar el amor divino que se nos ha revelado. Pero la realidad es que muy pocos matrimonios cristianos están mostrando el evangelio en su vida matrimonial. Una razón es porque el evangelio ha sido reducido a un mensaje de bienestar físico y económico que responde a la vida postmoderna pero no trasciende a lo esencial; por eso, sucede que las metas de muchos matrimonios jóvenes no siempre están enfocadas al sufrimiento natural del matrimonio bíblico, sino a una cultura del bienestar que evade la realidad bíblica que no hay amor sin sacrificio, no hay pacto sin entrega.

Piense por un momento ¿cuánto ha dado hasta hoy por su matrimonio? ¿hasta dónde se ha sacrificado? ¿considera que ha sido suficiente? La respuesta a estas sencillas preguntas debería motivarlo a asumir el compromiso de dar todo lo que es y todo lo que tenga por amor a su pacto matrimonial. No sólo vale la pena hacerlo sino que está demostrado en el ejemplo de Cristo que es un deber cristiano amar sacrificialmente. Él pudo haber tomado varios caminos para no llegar a la cruz; por ejemplo, pudo ser un político exitoso usando su popularidad y el apoyo de las grandes masas que lo seguían voluntariamente, también pudo consagrarse como uno de los sabios más destacados de su tiempo por la frescura y poder de su enseñanza. Pero decidió no abandonar el camino de amor sacrificial que se le había encomendado. ¿En alguna ocasión ha renunciado a algo que traería algún provecho particular para dedicarse a algo beneficioso para el matrimonio? Mi esposa y yo lo hemos hecho. Ambos renunciamos a asuntos particulares para tomar decisiones que nos incluyan colectivamente, y sin dudarlo, puedo decir que valió la pena hacerlo. Nunca es demasiado sacrificio darlo todo por nuestro matrimonio, nunca es en vano seguir amando a nuestro cónyuge aun en las más difíciles circunstancias.

III. Amor Encarnacional

El tercer aspecto del amor matrimonial es la identificación con la realidad de su cónyuge. Si retomamos el ejemplo de Cristo que hemos considerado hasta hoy, notaremos que Él no amó a la Iglesia a la distancia. Y no nos referimos a una separación geográfica, sino al hecho que Él se encarnó en una naturaleza diferente a la suya con el fin de acercarse a ella e identificarse con su realidad. Lo mismo es aplicable en el ámbito del matrimonio, pues no puede haber amor a la distancia, no podemos amarnos sin encarnarnos en el otro. Nuevamente, será el apóstol Pablo quien nos ilustre este principio a través de las palabras que escribió a la iglesia de Filipos. Me refiero al pasaje de Filipenses 2:6-11 que ha sido considerado un "himno de Cristo"[26] y que puede dividirse en seis estrofas: las primeras tres (vv. 6-8) son una celebración de su humillación y las últimas tres (vv. 9-11) son una celebración de su exaltación. En este pasaje notamos una rica enseñanza sobre el amor encarnacional, pues Cristo quiso identificarse tanto con su esposa, su iglesia, que tomó un cuerpo de igual naturaleza que ella, y de esta forma, sintió con ella, sufrió con ella.

Aquí tenemos un llamado para los matrimonios cristianos, pues no podemos decir que amamos a nuestro cónyuge si no hemos encarnado su realidad. Un hombre podría colmar de besos y abrazos a su esposa, pero eso no es garantía de un amor real, si cuando ella deba enfrentar una situación en la que necesita apoyo no lo encuentra. Igualmente, para un esposo es necesario encontrar en su esposa la ayuda idónea en tiempos de dificultad; meterse al fuego con él, lanzarse al agua con él, atravesar el desierto con él. ¿Sabe por qué esto es importante? Porque detrás del amor encarnacional hay un elemento que lo hace posible y es la seguridad, el grado de confianza mutua que existe entre los esposos. Ninguno de los dos tomará el riesgo de encarnar la realidad de la otra persona a menos que su corazón esté seguro en ella. Pero debemos recordar que la seguridad no viene por arte de magia, sino que está relacionada al cumplimiento de obligaciones. Según Derek Prince, la vida matrimonial confirma que "cuando una mujer casada es en verdad segura (emocionalmente, financieramente, socialmente), es evidencia suficiente que su relación con su esposo es buena y que él está cumpliendo sus obligaciones hacia ella."[27]

Si los matrimonios cristianos entendiéramos que el amor es encarnacional, entendiéramos cómo y porqué Cristo se ha insertado en nuestra realidad. Él no se encarnó con el único fin de conocerla, sino para resolverla. En el matrimonio, tanto el esposo como la esposa se enfrentarán a muchas situaciones que deberán ser resueltas, pero ¿quién debería ser la primera persona dispuesta a contribuir con la resolución? ¡su cónyuge, su compañero de pacto! La mujer casada no tendría que buscar apoyo en otro hombre sino en su esposo, pues sería inadecuado si lo hiciera; el hombre casado tampoco debería buscar ayuda en una mujer que no sea su esposa. Así pues, quien tiene el llamado primario de encarnar la situación que afronta alguno de los esposos es su cónyuge; este es un llamado que aplica con igual pertinencia en muchas áreas de la vida matrimonial, por ejemplo, en el ámbito profesional, social, económico, emocional, y por supuesto, el ámbito espiritual.

Encarnar la realidad que vive nuestro cónyuge es sin duda una experiencia mutuamente gratificante. Junto a mi esposa lo hemos vivido en muchos ámbitos. Ella es abogada y notario de profesión, pero con alguna frecuencia debe preparar recursos de formación en formato digital. Esa es una habilidad técnica que ella no domina ampliamente, por tanto, le genera mucha preocupación y estrés cuando debe hacerlo. En tales circunstancias, me pongo a disposición de ella para ayudarle, hago mía su preocupación y comparto con ella mis habilidades para resolver su dificultad. Ella lo ha hecho conmigo también en muchas ocasiones, en diversas áreas. Solo un amor encarnacional es el que permite a los casados cumplir la promesa que hizo ante el altar el día de su boda ¿sabe por qué? Porque sólo si encarnamos la realidad de la otra persona seguiremos amándola en la enfermedad, en la adversidad y en la pobreza. Quien no encarna lo que su cónyuge está viviendo, a menudo sentirá que es una carga difícil de llevar y será tentado a abandonar, y es natural, porque si no encarna la enfermedad o la adversidad de su pareja, la verá como ajena. Una gran cantidad de matrimonios iniciaron su camino hacia la separación precisamente por falta de un amor encarnacional: no pudieron seguir amando cuando alguno tuvo que enfrentar una enfermedad terminal o cuando la pobreza tocó a la puerta de su casa.

Vivimos en una sociedad individualista y egocéntrica que impacta con tales características al matrimonio. Pero el principio bíblico es claro: el esposo debe amar a su esposa como su propio cuerpo (Efesios 5:28). Esto significa, encarnar todo su amor para identificarse con ella. ¿Por qué Dios nos demanda amar a nuestra pareja tal como a nosotros mismos? Primero, porque tenemos un gran ejemplo en Cristo, que tomando un cuerpo como el nuestro pudo conocer, sentir y transformar nuestra realidad, precisamente porque se unió a su esposa compartiendo su misma naturaleza. Segundo, porque no sólo tenemos un cuerpo con las mismas características que nuestra pareja, sino que hemos sido unidos como un solo cuerpo con ella; por tanto, lo que ella sufra, debería hacernos sufrir a nosotros, lo que a ella le preocupe debería preocuparnos a nosotros. Este es el genuino sentido de ser una sola carne que apunta a la unidad esencial del esposo y la esposa como un solo cuerpo que perdura unido para siempre frente a una sociedad impía, que según John D. Schuetze "utiliza a una persona por un tiempo, pero tan pronto experimentan problemas, desechan el viejo modelo y se pasan a uno nuevo. En la foto clásica de Dios, el matrimonio es una unión para toda la vida. No es como un galón de leche que se fermenta con el tiempo sino como una botella de vino que mejora con la edad… A ese matrimonio es al que Dios llama 'bueno en gran manera' (Génesis 1:31)."[28]

IV. Amor Magisterial

El cuarto aspecto del amor matrimonial es la disposición para la mutua instrucción. Amar es una actitud que causa edificación; por eso, al referirnos al amor magisterial apuntamos hacia el magisterio[29], palabra que viene del latín *magisterium* y significa la enseñanza que un maestro ejerce con sus educandos. En la relación pactual de Cristo con su iglesia se nota este aspecto claramente cuando lavó a la iglesia por la Palabra, es decir, Cristo le ha demostrado su amor a la iglesia instruyéndola. Esta no es una función ocasional, sino que responde al oficio de Profeta que Cristo desempeña. En igual condición, el esposo debe amar a su esposa magisterialmente, porque el verdadero amor, enseña; el verdadero amor, edifica; el verdadero amor, instruye. La función sacerdotal que ejerce el esposo añade un peso de mayor responsabilidad en este aspecto; él debe procurar que Cristo sea formado en su esposa tanto como está siendo formado en su propia vida. No existe otro propósito en el matrimonio para amar magisterialmente, pues según John Piper "la finalidad del deseo de un marido piadoso para instruir a su esposa es la semejanza a Cristo, no la semejanza a sí mismo… los deseos que tenemos para la esposa se miden con el estándar de santidad que tiene Dios y no con el estándar de nuestras preferencias personales."[30]

Permítame nuevamente utilizar la instrucción del apóstol Pablo en asuntos matrimoniales. En el pasaje de Efesios 5:26-27, notamos que el esposo debe enseñar a su esposa teniendo el ejemplo de Cristo como modelo. Según R. C. Sproul, el apóstol Pablo describe aquí "el proceso por el cual Cristo se comprometió a sí mismo en su relación con la iglesia: Él lavó sus pecados y la está preparando para un destino glorioso junto a él (v. 27). Los esposos también son llamados a ajustar su propia vida a las necesidades de sus esposas y proveer para su crecimiento y desarrollo espiritual."[31] Debemos reconocer uno de los más frecuentes errores que cometen los esposos cristianos en el matrimonio y es velar sólo por su propio desarrollo espiritual por encima de su esposa. Esto no habla bien del oficio de profeta que se nos ha encomendado en el hogar. Si la iglesia goza de un estado purificado a través de la Palabra es porque tiene un profeta que cumple bien su oficio y es Cristo. Él no es un profeta mudo, sino que cumple su función de anunciar a su esposa la voluntad de Dios y de denunciar lo que no está conforme a ella. Igualmente, el esposo en su rol de cabeza del hogar nunca debe ver como una opción ser profeta mudo, pues eso significa callar cuando se debe instruir; eso significaría huir cuando se debe corregir.

Piense por un momento en esto: ¿cómo está ejerciendo la función de profeta en casa? ¿está amando magisterialmente a su esposa, tal como Cristo a la iglesia? Por supuesto que no siempre es fácil responder a estas interrogantes, pero un buen comienzo es evitar la mala práctica de ser acumuladores de información y convirtiéndonos en maestros para la compañera que Dios nos ha dado en este largo viaje de la vida. Una forma de entender la necesidad del amor magisterial es entendiendo que una relación correcta requiere de la información correcta. La esposa sabe qué hacer cuando su esposo le enseña lo que debe hacer; la instrucción elimina las dudas y provee un clima de certeza y confianza mutua. El esposo tiene disponible la información correcta en las Escrituras, a través de ella debe purificar a su esposa tal como Cristo lo hace. El asunto es ¿qué hace con la información? ¿la acumula para sí o la comparte con su esposa? En términos teológicos sabemos que no es posible para un esposo "lavar" a su esposa porque eso ya lo hizo Cristo; sin embargo, en términos prácticos, este lavamiento se refiere a compartir la Palabra de Dios con ella, animarla en su servicio a Dios, orar por su crecimiento espiritual y la santificación de su vida, y, sobre todo, ser para ella un ejemplo constante de una vida santa y consagrada.

En este sentido, es importante que los matrimonios cristianos valoren cuánto tiempo están dedicando a orar juntos, leer la Biblia y reflexionar juntos en ella, tomar cursos bíblicos juntos, servir juntos en su iglesia local. El enfoque magisterial del amor trae consigo un beneficio colectivo porque la esposa es instruida al recibirlo y es esposo es perfeccionado al entregarlo. Quienes sirven al señor en el ministerio de la enseñanza deben armonizar con mayor compromiso este aspecto del amor. Los educadores sabemos que la educación es una labor que demanda entrega total, no se causa formación a menos que nos donemos enteramente a ello. Esto es algo muy importante y pertinente en el matrimonio debido a la irresponsabilidad de muchos maestros cristianos que han invertido grandes esfuerzos para formar e instruir generaciones enteras, pero nunca hubo tiempo suficiente para atender el crecimiento y desarrollo espiritual de su propia esposa. Por supuesto que esto no significa que si el esposo ha completado estudios bíblicos o teológicos formales en un seminario la esposa también deba tenerlos; más bien, él debería mostrar su amor por ella compartiendo sus conocimientos para crecer juntos hacia la madurez en Cristo. Así pues, concluimos este último aspecto del amor matrimonial afirmando que amar magistralmente no está limitado a simplemente trasladar información; no se trata de informar a nuestra esposa sino de formarla por medio de la Palabra de Dios y el ejemplo de Cristo en nosotros.

Conclusión

Hemos considerado el amor como el segundo fundamento de un matrimonio bíblico. La perspectiva pactual del amor nos condujo a definirlo como un acto de la voluntad y no limitarlo a una categoría sentimental. En el recorrido de nuestro estudio señalamos cuatro aspectos que caracterizan al amor matrimonial presentado en la Biblia: incondicional, sacrificial, encarnacional y magisterial. Cada uno de estos aspectos muestra la extensión del amor que Dios espera ver fructificar en cada matrimonio, no sólo bajo el criterio de un mandato, sino porque él nos ha revelado este amor en la relación pactual de Cristo con su iglesia. No hay excusas, pues tenemos el más genuino modelo de cómo una pareja debe vivir amándose toda la vida. Debemos recordar que el matrimonio no se trata de él o de ella, sino de ambos como un solo cuerpo. Por supuesto que tanto el hombre y la mujer son una parte esencial, pero a la vez son secundarios. El protagonista principal en nuestro matrimonio debe ser Dios. El matrimonio es para nuestro bien, pero esencialmente es para la gloria de Dios. Esto no lo comprendemos hasta que vemos el matrimonio bajo la perspectiva pactual, una forma de valorarlo con base a las dimensiones de la relación que Dios tiene con su iglesia. ¿Aún recuerda el día de su boda? ¡Ojalá que sí, aunque haya sido hace mucho tiempo! Pero no olvide que una ceremonia en la iglesia ciertamente le inyecta formalidades a la unión de un hombre y una mujer, pero la realidad que consolidará esa relación es hacer a Dios la autoridad en el matrimonio y vivir amándose como Él los ha amado abundantemente a ambos.

Preguntas de Estudio – Capítulo 3

Responda lo que se le indica en cada pregunta.
1. Según el autor, amar no es un sentimiento sino *un acto* ¿Qué clase de acto es el amor?
2. Si la *confianza* en el cónyuge no depende de lo que pueda hacer por nosotros, ¿De qué depende la confianza en el matrimonio?
3. ¿Cuáles son los *cuatro aspectos* que, según el autor, definen el amor que Dios espera que los esposos se ofrezcan mutuamente?
4. El amor es necesariamente sufrido, pero ¿Cuál es la perspectiva bíblica del *sufrimiento* que debe aplicarse a la vida matrimonial?

Responda "Falso" o "Verdadero", según corresponda.

5. El Antiguo Testamento no muestra el *amor mutuo* para el matrimonio; las personas se casaban vinculadas por un contrato y no como fruto de amor por la otra persona.

6. El verdadero *sufrimiento* por amor en el matrimonio es aquel que cuando sufrimos nos produce placer y satisfacción.

7. El principio bíblico de amar a la esposa como su propio cuerpo (Ef. 5:28), significa *encarnar* todo su amor para identificarse con ella.

8. La función *sacerdotal* que ejerce el esposo implica procurar que Cristo sea formado en su esposa tanto como está siendo formado en su propia vida.

Reflexione con base al estudio de este capítulo.

9. Explique algunos peligros de la actual *cultura del bienestar* que cree en el amor sin sacrificio y en el pacto sin entrega. ¿Qué efectos ha causado en su contexto?

10. Según su opinión, ¿cómo están cumpliendo los matrimonios el fundamento del *Amor* en el ámbito cristiano? ¿Qué sugerencias ofrece para cumplirlo? Comente.

4

COMPROMISO: Perseverando en el Matrimonio

Introducción

Uno de los principios bíblicos esenciales para la consolidación del pacto matrimonial es el compromiso. Aunque estamos muy acostumbrados a escuchar esta palabra, no siempre la entendemos adecuadamente y muy poco la cumplimos responsablemente. La palabra compromiso viene del término latín *compromissum*[32] y básicamente se entiende como una obligación contraída por una persona a cumplir algo con alguien. Por supuesto que el compromiso tiene aplicación en todos los ámbitos de la vida humana; cada persona está sujeta a una serie de compromisos que va adquiriendo a lo largo de su vida, por ejemplo, en casa, en la iglesia, en la escuela, en el trabajo, en los negocios, y en el matrimonio. Y aunque la tendencia de incumplimiento suele ser evidente en todas esas áreas, parece que el matrimonio es una que refleja estadísticas alarmantes. Una muestra de esta realidad son los muchos casos de esposos irresponsables que luego de una separación familiar no cumplen con la manutención básica de sus hijos y la madre. Los gobiernos a través de diferentes entidades gubernamentales deben obligarlos a cumplir este compromiso por medio de un proceso legal.[33] Pero debemos preguntarnos ¿acaso debe ser necesario que intervenga la fuerza de la ley para cumplir un compromiso básico? ¡Claro que no! Pero esto es una evidencia de la condición de irresponsabilidad humana frente a los compromisos de la vida que dejan al descubierto la condición caída del hombre.

En el ámbito matrimonial, el compromiso es un fundamento que se nos recuerda a cada momento, incluso en nuestra ceremonia de bodas. El hombre y la mujer hacen promesas delante de Dios y de toda la congregación de permanecer juntos hasta la muerte. Por ello, algunos ministros sostienen que uno de los sentidos prácticos de la palabra compromiso proviene de "con" y "promesa" íntimamente relacionados con el fiel cumplimiento de las promesas hechas durante los votos matrimoniales. Por ello, el compromiso no debe ser entendido como una mera obligación, sino que es una decisión. Este entendimiento viene de la perspectiva pactual que desarrollamos desde el principio, pues el pacto no es ni debe volverse una carga sino una bendición. Lamentablemente, el compromiso matrimonial ha sufrido erosiones en el cristianismo a lo largo del tiempo; incluso por motivos que pueden parecer legítimos, pero no lo son. Un ejemplo sería el esposo que bajo el argumento de estar ocupado en la obra cristiana descuida la atención de su esposa. Aunque su propio ministerio florezca, habrá fracasado si no atiende su primer y más importante ministerio que es su propia familia. El Reverendo Lloyd-Jones decía que: "la conducta de tal esposo es gravemente pecaminosa. Aunque todo sea hecho en el nombre de la obra cristiana, no puede y no debe tomar compromisos que lo separen de su relación matrimonial, porque la esposa es una parte de él, no su esclava... Un hogar no es un dormitorio al cual un hombre regresa para dormir, sino un ministerio que debe cultivar."[34]

Así que, en términos de falta de compromiso no sólo debemos pensar en matrimonios no cristianos, sino que, también están incluidos los matrimonios cristianos. La esencia de este mal yace en la falta de unidad. Mi esposa y yo podríamos tener muchos defectos en nuestra relación matrimonial, pero hay algo que nos esforzamos por mantener y es el grado de unidad que compartimos en todos los ámbitos de la vida. Esto nos ha llevado a vernos como compañeros, nos consideramos un verdadero equipo apoyándonos el uno al otro. Lo hacemos en el ámbito personal, profesional, ministerial y familiar; y no lo hacemos porque sea una virtud natural en ambos, sino porque somos impactados por el ejemplo de la relación pactual de Cristo con su iglesia, cada día estamos creciendo hacia la unidad y eso conduce a mantener firme el compromiso matrimonial. Es importante que nunca olvidemos la centralidad del hogar en la vida cristiana, pues gran parte del daño que el cristianismo está sufriendo en la presente época post-moderna radica en la poca importancia que se le atribuye al hogar como el núcleo de nuestro compromiso. Cuando no existe verdadera unidad entre los cónyuges, el compromiso entre ambos será carente o nulo; no serán un equipo, no tendrán proyectos en común, no compartirán los mismos anhelos y no serán motivados por las mismas metas.

En definitiva, la falta de unidad que conduce a la ausencia de compromiso es un estado que no armoniza con el evangelio, tampoco muestra adecuadamente la relación pactual que Cristo mantiene con su iglesia y que debería reflejarse en el matrimonio cristiano. La razón práctica de esta realidad debemos verla en términos de compañerismo porque no hay nada más difícil que el sueño de un esposo no sea el anhelo de su compañera, no hay algo más desconcertante que aquello por lo que una esposa anhela vivir todos los días no sea el anhelo de su compañero. En cambio, cuando estamos unidos y aquello que hace latir nuestro corazón es lo que hace latir el corazón de nuestro cónyuge, eso es hermoso, mutuamente beneficioso y se convierte en un testimonio vivo del evangelio. Sin duda, una de las razones por las que no se está fomentando la unidad matrimonial que conduce a consolidar el compromiso es la desatención a la Palabra de Dios. Hoy día el mundo ofrece un mar de información, pero muy poca de ella produce verdadera formación. La gente consume grandes cantidades de literatura, pero muy pocos acuden con seriedad a la Biblia para tomar consejo y aplicarlo en la vida matrimonial. No es posible intentar vivir una relación pactual en el matrimonio cuando se ignora el libro sagrado que posee la revelación del pacto de Dios con su pueblo.

Con frecuencia escuchamos que existen muchas razones por las que el cristiano actual debería volverse a las Escrituras; la lista de razones es larga, pero permítame recordarle que una de ellas y muy poco mencionadas es el matrimonio. ¡Claro que necesitamos una reforma y pronto! Pero si algo tendría que hacernos retornar con frecuencia a las fuentes puras del evangelio es nuestra necesidad de unidad y compromiso matrimonial. Así que, bien hacemos en atender el consejo bíblico y muy particularmente a aquellos autores que Dios inspiró para que nos entregaran sabiduría bíblica para la vida diaria. Sin duda, uno de ellos es el sabio Salomón que en el pasaje de Eclesiastés 4:9-10 ofrece dos beneficios del compañerismo matrimonial. Pero antes de ahondar en tales beneficios es oportuno decir que un beneficio solo produce sus efectos cuando sujetamos nuestra vida al marco normativo de la Biblia. Muchos han visto en la literatura sapiencial simples consejos para tener una vida mejor, y aunque eso es una posibilidad, el texto sagrado no fue inspirado con una limitación temporal. Aunque los matrimonios encuentren buenos consejos para los años que dure su matrimonio en la tierra, sus verdaderos propósitos trascienden hacia la eternidad. No sólo pretendemos vivir bien aquí, sino aprender a vivir para la gloria de Dios. Notemos a continuación los dos beneficios que el rey Salomón ha señalado:

a) Mayor provecho del trabajo (v.9). El primer beneficio se refiere al compromiso de perseverar juntos en el proyecto de vida que han emprendido; todo el trabajo se enfocará hacia ese objetivo común. Aunque esto puede aplicarse a proyectos profesionales, habitacionales, entre otros, más bien nos referimos al proyecto de construcción de una familia que honre y glorifique a Dios, una familia en la que estemos cómodos y felices. Es muy probable que se pueda obtener beneficio si cada persona en el matrimonio camina por su rumbo, pero tal actitud ni es bíblica ni honra a Dios. En mi experiencia junto a mi esposa hemos visto actuar este beneficio. Nuestra casa fue construida en un período de siete años previos a nuestro matrimonio. Ambos aportamos económicamente para ese proyecto con mucha dificultad, pero al final vimos consumado nuestro deseo común. De igual forma, hemos tomado compromisos unánimes para proyectos académicos que han requerido un trabajo conjunto. Sin embargo, puedo asegurarle que, aunque esos proyectos han traído alegría a nuestro matrimonio, nada sustituye el gozo de caminar juntos como equipo en la construcción de un matrimonio que honre a Dios. Sin duda, hasta el día de hoy seguimos aprendiendo y trabajando juntos para que ese proyecto sea consumado. El esposo no puede lograr este proyecto solo, la esposa tampoco puede; ambos se necesitan.

b) *Ayuda oportuna en las dificultades* (v.10). El segundo beneficio se refiere al compromiso de reconocer que no son dos sino uno, lo que padece uno lo siente el otro. Nada trae más descanso que tener la seguridad que si algo no ocurre como se esperaba tendremos apoyo en la dificultad. Esto conecta íntimamente con el primer beneficio, en el sentido que, si los esposos inician proyectos juntos, tienen la confianza que ante lo inesperado no habrá reclamos pues la decisión fue unánime. Es muy probable que alguno de los dos sea muy capaz para generar ideas, pero siempre estamos sujetos al error y es ahí que resulta muy necesaria la "segunda palabra" también llamada "palabra de confirmación" del cónyuge. Porque sólo cuando tomamos en cuenta a nuestro cónyuge podemos tener la seguridad que contaremos con su apoyo oportuno en la dificultad. Cuando los esposos toman sus decisiones en unidad, Dios bendice grandemente porque al tomar en cuenta la opinión de la otra persona, lo estamos honrando a Él. ¿Sabe cuál es la razón? La bendición de Dios es tener su favor y eso no ocurre si ignoramos a la persona con la que Dios nos bendijo; la ayuda oportuna sólo viene como resultado del compañerismo.

Ahora bien, estos dos beneficios no deben conducirnos a pensar que este compañerismo es algo ocasional; de ninguna manera. El rey Salomón no se despertó un día pensando que sería buena idea que los esposos vivieran como verdaderos compañeros para honrar a Dios con su relación ¡Claro que no! El principio del compañerismo en el matrimonio es por diseño divino. En el pasaje de Génesis 2:18 comprobamos que Dios mismo considera la necesidad de tener un compañero para la vida matrimonial porque a menos que nos veamos como compañeros esta relación no funciona en los términos que Dios la diseñó. El compañerismo es el que hace posible el compromiso matrimonial, el compañerismo es el que permite que no sólo duremos muchos años juntos, sino que realmente nos amemos durante esos años. Cuando no se ve al cónyuge como un compañero, necesariamente se le verá como algo más y eso conducirá a solamente soportarlo, pero no realmente a amarlo. ¿Nota ahora la diferencia? Una cosa es durar casados y otra cosa es amar a la persona con quien nos casamos. Recuerdo que en una ocasión le pregunte a un anciano viudo cuántos años duró su vida matrimonial y su respuesta me dejó muy sorprendido. Me dijo que mi pregunta tenía dos respuestas: los años que había durado con su esposa y los años que había amado a su esposa. Lamentablemente, esa dualidad de respuesta sigue siendo una realidad entre aquellos que no se consideran verdaderos compañeros en el matrimonio.

Es claro que cuando Dios nos une en matrimonio adquirimos un gran compromiso, pues tomamos una obligación integral, es decir, dirigida a varios aspectos de la vida diaria. Sin embargo, entre ellos existe un elemento de primordial cumplimiento: *la intimidad*. Nos referimos a la relación estrecha y exclusiva de los esposos por la que mantienen unidad. Sé que hasta este punto hemos tratado a la unidad como un elemento del compañerismo en el matrimonio que conduce al compromiso. Pero sinceramente, la intimidad es el área práctica donde el compromiso adquiere su valor en la pareja. En muchas ocasiones, la intimidad ha sido entendida bajo un concepto limitado; pero ella abarca tres importantes áreas: intimidad sexual, intimidad emocional e intimidad espiritual. En todas ellas, se nos manda a cumplir con igual empeño, con igual obligación, con igual compromiso. En los siguientes apartados nos enfocaremos a determinar el compromiso matrimonial en cada una de ellas y de esta forma tener un concepto más acabado de lo que Dios espera de un matrimonio cristiano cuyo compromiso debe honrar a Dios en estas áreas de intimidad.

I. Intimidad Sexual

El primer ámbito de nuestro compromiso íntimo es la intimidad sexual. Para entender adecuadamente este compromiso es necesario partir de la premisa fundamental que las Escrituras no condenan la relación sexual dentro del matrimonio, más bien, dicen que el esposo debe entender las necesidades de la esposa y ella las de su esposo. Es lamentable que hasta hoy algunas estadísticas sigan siendo altas, entre ellas, aquellas que muestran a una gran cantidad de cristianos que siguen viendo la intimidad sexual en el matrimonio como un acto pecaminoso. Las razones de esta errada perspectiva pueden ser muchas; sin embargo, no podemos dudar que es un error heredado por la mala interpretación bíblica de ciertos pasajes claves que tratan este asunto. Es muy probable que usted no esté de acuerdo con esto, pero sinceramente ¿de dónde viene la idea que las relaciones sexuales son un pecado? En su mayoría, viene de una historia ficticia y anti-bíblica de lo que ocurrió en Edén entre la primera pareja de esposos. La gravedad de esto radica en que no sólo se enseña desde los púlpitos a los adultos sino también en las clases bíblicas a niños. Luego, tenemos generaciones completas de cristianos que utilizan este argumento errado para evadir su compromiso bíblico de cumplir el deber conyugal con su pareja.

El error en este asunto es creer que las relaciones sexuales en el matrimonio son pecado. Para derribar este falso argumento debemos viajar al principio, es decir, a Edén. Cuando hacemos una lectura del pasaje de Génesis 3:8 nos enteramos que Dios estaba presente en Edén en toda su santidad; esto significa que, desde el día de la creación del hombre, Dios observaba las acciones de Adán y Eva, incluida su intimidad sexual. Si esto hubiera sido un acto pecaminoso, Dios no podría haber resistido estar frente a tales actos. La razón es que las relaciones sexuales no fueron el pecado original, sino la desobediencia humana a la Ley de Dios. Esto queda muy claro en la explicación que el apóstol Pablo ofrece en el pasaje de Romanos 5:19 cuando dice que "así como por *la desobediencia* de un hombre los muchos fueron constituidos pecadores, así también por la obediencia de uno, los muchos serán constituidos justos." Por supuesto que este asunto puede tratarse con mayor profundidad teológica pero nuestro enfoque por ahora es práctico. Sin embargo, nótese en este pasaje que el hombre se constituye pecador por causa de la desobediencia y no por haberse unido en intimidad con su pareja. Esto basta para entender que no hay argumento bíblico para la evasión del compromiso en la intimidad sexual del matrimonio.

Por el contrario, la Biblia indica que debe existir un compromiso para no negarse el uno al otro. En el pasaje de I Corintios 7:3-5, el apóstol Pablo señala varios elementos sobre este asunto que merecen nuestra atención. En el versículo 3, notamos la *Naturaleza*. Aquí el apóstol Pablo se refiere a la intimidad sexual entre esposos utilizando el calificativo de "deber" (ofeílo, gr. ὀφείλω)[35] que significa *ser deudor, tener que, estar obligado a*; en otras palabras, aunque el esposo o la esposa no desee cumplir con esto, deben hacerlo porque es un deber. En el versículo 4, notamos el *Argumento*. Aquí el apóstol Pablo nos indica claramente la razón por que la intimidad sexual es un deber; él dice que nuestros cuerpos no son nuestros, y con ello, hace alusión a la unión que se adquiere cuando nos unimos en matrimonio. Ya no son dos cuerpos; ahora son un solo cuerpo. Si uno de ellos desea la intimidad sexual es como si ambos lo desearan. En el versículo 5, notamos la *Excepción*. Aquí el apóstol Pablo aclara que el único motivo por el cual no puede haber intimidad sexual es por causa de un tiempo prolongado de oración, previamente acordado entre los esposos. Por supuesto que la oración en este contexto debe ser entendida como un ejercicio espiritual constante por algún motivo extraordinario por un tiempo limitado.

Sin duda, la excepción que el apóstol Pablo ofrece en el versículo 5 no siempre ha sido entendida adecuadamente. La evidencia de esto se observa en los muchos cristianos que hasta hoy siguen abusando de esta excepción a su conveniencia. Hay algunas preguntas que podrían resultarnos útiles para poner en contexto práctico la esencia de la excepción. Por ejemplo, ¿cuáles serían algunos motivos extraordinarios que pueden mantener a un esposo o esposa ocupada en la oración, y por tanto, se pueda negar a la intimidad sexual? Son pocos, pero los hay. Por ejemplo, el duelo por un hijo o un padre, un diagnóstico médico crítico, una recuperación post-cirujía o el puerperio post-parto de la esposa. En cualquiera de estos casos, aun cuando la situación sea difícil, nunca la separación íntima será definitiva, sino que el apóstol Pablo indica que debe ser sólo "por algún tiempo." Por ello, otra de las preguntas importantes es ¿a cuánto equivale la frase "algún tiempo"? No podríamos decirlo con certeza; sin embargo, por supuesto que no equivale a separación definitiva ni extendida. Muchos cristianos han acumulado veinte años y hasta treinta años de no tener intimidad sexual con su pareja, abusando de esta excepción bíblica. Aunque esto puede hacerlo el hombre o la mujer, con mucha más frecuencia es la mujer quien se niega a la intimidad con su esposo. Pero pensemos ¿podría durar esta excepción bíblica diez, veinte o treinta años? ¡Claro que no!

Ningún motivo válido podría extenderse tanto tiempo para romper el compromiso bíblico de unirse en un solo cuerpo con su esposo.

La razón que nos lleva a cumplir fielmente este compromiso es el principio de unidad. No debemos olvidar que el gozo de la intimidad es un componente de la relación pactual que tenemos como esposos; no hemos firmado un simple contrato, hemos celebrado un pacto ante Dios con nuestra pareja. Una representación ilustrativa se nos ofrece en el pasaje de Isaías 62:5. Nótese la relación comparativa del gozo en la intimidad tanto en el pacto de Dios con su pueblo y en el pacto del esposo con su esposa. Este es un gozo especial, es un gozo íntimo, no es cualquier gozo. Dios mismo coloca la intimidad sexual en un nivel de tan alta importancia y agrado que lo compara con el gozo que Él siente con el pueblo de su pacto. Si trasladamos esta idea a la vida matrimonial nos enteramos que el apóstol Pablo en I Corintios 7:3-5 armonizó la idea pactual de su consejo con el concepto judío de la sexualidad. Según, Larry & Nordis Christenson, en ese pasaje él expone: "una actitud típica del pensamiento judío, el cual no se centra en los derechos humanos, sino en los deberes humanos. Según la ley ortodoxa judía, el acto sexual es un deber del esposo, no un derecho. Así como debe proveer a su esposa alimentos, ropa y casa, también debe proveerle el acto conyugal. Pero el apóstol Pablo hace de esto algo completamente recíproco. El esposo y la esposa están mutuamente 'endeudados' a satisfacer sus necesidades sexuales."[36]

De esta forma concluimos esta concisa exposición de nuestro compromiso en la intimidad sexual.

No siempre esta perspectiva encaja con nuestras motivaciones, pero entendemos que la perspectiva de Dios, la perspectiva pactual, debe dominar nuestras motivaciones. La Biblia nos ilumina y nos corrige para que rindamos nuestros derechos y nuestras exigencias, y busquemos superarnos los unos a otros, no en lo que no podamos conseguir, sino en lo que podamos dar. En el ámbito matrimonial, nuestra búsqueda principalmente es complacer a nuestra pareja. La esposa quiere agradar a su esposo, y por lo tanto, tendrá la tendencia a dar lo que él desea. El esposo quiere complacer a su esposa, y por eso no es propenso a demandar o exigir algo que ella encuentra desagradable. En definitiva, cuando decidimos abandonar nuestra propia motivación sexual y reconocemos que el modelo bíblico nos manda a honrar a Dios y a nuestro cónyuge, es entonces que el cumplimiento de este compromiso no sólo garantiza la fidelidad a este deber conyugal, sino que traerá gozo y satisfacción a nuestra vida, haciéndonos verdaderos testimonios para otros.

II. Intimidad Emocional

El segundo ámbito de nuestro compromiso íntimo es la intimidad emocional. No todo en el matrimonio es sexual; los sentimientos humanos son importantes porque constituyen nuestra reacción emocional. La vida interior está cargada de emociones, pero nadie las ve. A diferencia del ámbito sexual, la intimidad emocional es más difícil de entender, y en consecuencia, más difícil de satisfacer. Pero debemos iniciar preguntándonos ¿qué es una emoción? Formalmente, se define como un "sentimiento afectivo, originado por alguna situación, un pensamiento o una imagen, que transforma de modo momentáneo pero brusco el estado psicofísico del individuo."[37] De esto entendemos que las emociones pueden ser estimuladas por un evento, una palabra, una circunstancia, etc. Las emociones no son solamente románticas; también experimentamos emociones por recuerdos, duelos, dificultades financieras, problemas familiares, éxitos o fracasos profesionales, por enfermedades físicas, y diferentes circunstancias de la vida. En resumen, el ámbito de lo emocional adquiere importancia en el sentido que las emociones generan pensamientos y diálogos internos que posteriormente conducirán a la toma de decisiones.

En el contexto de la vida matrimonial, compartir los sentimientos es construir esta clase de intimidad. Permitir que su cónyuge ingrese a su interior significa que está dispuesto a unirse a él en emociones. Pero sinceramente, ¿puede entrar o hace cuánto tiempo usted no le permite entrar? Este es un asunto esencial que no siempre tomamos en cuenta, pero es necesario que lo hagamos, pues solo cuando nos unimos a nuestra pareja en emociones será posible sentir juntos, llorar juntos, anhelar juntos, soñar juntos; solamente unidos en intimidad emocional el punto de llegada del uno, también será del otro. Y nada es más ilustrativo para entender este asunto que la relación pactual de Cristo con su esposa. Lo vemos sintiendo con ella, lo vemos muriendo por ella, lo vemos sustentándola a ella, lo vemos esperándola a ella para el glorioso día de su segunda venida. Nuestra unión con Cristo debería ilustrarnos la manera en que debemos estar unidos a nuestro cónyuge, nos debería motivar a proveer las condiciones para entrar a su interior, para volvernos parte esencial de su vida y no sólo una persona más en su vida. Es un gran consuelo saber que ante cualquier circunstancia los esposos pueden encontrar responsablemente el apoyo íntimo emocional que oportunamente necesitan; no tendrían que caminar mucho ni tener que pedirlo, porque lo deben tener en casa, siempre disponible y suficiente en su pareja.

No dudo que, en este punto de nuestro estudio, los hombres nos preguntemos ¿cuál es una manera práctica de cumplir este compromiso? Permítame decirle que su compromiso de esposo es entender los sentimientos de su esposa, es decir, procurar que ella siempre se sienta amada. Y aunque esto no siempre se logra de una manera que ella lo identifique, se le puede demostrar por medio de nuestra preocupación por lo que ella siente y opina. Es claro que, los hombres aún tenemos un gran desafío en este ámbito porque Cristo con su ejemplo nos sigue mostrando cómo se tratan las emociones de una esposa. Pero no debemos confundirnos, pues no nos referimos al trato emocionalista que el mundo nos ha querido imponer. Porque en muchas ocasiones teniendo una buena pareja no la estamos estimando debido a que esperamos que se convierta en ese hombre o mujer emocionalista que el mundo nos muestra, lamentablemente nunca llegará porque es ficticio y porque no es la forma bíblica de atender las emociones. El cristiano debe entender que nuestro trato con las emociones no nos priva de utilizar el razonamiento; Gary Chapman considera que "las emociones nos dicen que algo está bien o mal en una relación, pero deben guiarnos a razonar, y el razonamiento debe ser dirigido por la verdad si vamos a

realizar una acción constructiva. No debemos pro-
vocar un cortocircuito en el proceso y saltar directamente de las emociones a la acción sin el beneficio
del razonamiento."[38]

Uno de los pasajes bíblicos que ayuda a entender este asunto es I Pedro 3:7. Iniciaremos diciendo
que el apóstol Pedro entrega estos consejos específicos a hombres casados, lo cual se nota en la frase
"vosotros, maridos." Por tanto, aunque este pasaje
puede ser útil para otras poblaciones de la iglesia, su
contenido está dirigido a los hombres de la iglesia
que han adquirido un pacto matrimonial. Observe
que el primer elemento que se demanda es una *vida
sabia* con ellas. La razón por la que un esposo necesita sabiduría fue indicada anteriormente cuando establecimos que la intimidad emocional no debe con-
fundirse con el emocionalismo. El verdadero trato
con las emociones nunca implicará dejar a un lado el
razonamiento, más bien, cuando obedecemos el consejo bíblico de ser sabios es cuando estamos mejor
preparados para unirnos en emociones con nuestra
pareja. Recuerdo que, durante una reunión de varones en la iglesia, alguien dijo que su principal petición a Dios cada día no es la comida, el vestuario, el
dinero, la casa, etc. Él dijo que en lugar de esas cosas
pide una doble porción de sabiduría para vivir con
su esposa porque la necesita bastante. Creo que todos la necesitamos debido a que con mucha frecuencia olvidamos que por diseño divino fuimos creados
distintos para ejercer roles diferentes. Así que, aunque nuestra esposa sea una fiel compañera, no podemos ni debemos tratarla como lo hicimos a esos
buenos compañeros hombres en el trabajo o la universidad. Ella no es un hombre, así que necesitamos

sabiduría para tratar sus emociones delicadamente.

Siguiendo la lectura de I Pedro 3:7, notamos que el segundo elemento que se demanda en la intimidad emocional con la esposa es ofrecerle siempre un *trato honroso*. Si nuestro compromiso es entender los sentimientos de ella, este pasaje aclara que eso solamente se entiende cuando ponemos a la esposa en el lugar de honra que le corresponde. Y esto no podemos cumplirlo si solo la estamos adulando. Por supuesto que la honra excede en mucho a la adulación. Es muy probable que el esposo no acostumbre ser meloso con ella, pero esto no significa que no está honrando a su esposa. La honra es reconocer y respetar la posición que a ella le corresponde por diseño divino en el matrimonio. Nadie puede ni debe sustituirla en sus funciones. El apóstol Pedro indica que la motivación de ofrecerle este trato honroso es porque la esposa es "un vaso más frágil" lo cual indica el grado de mayor delicadeza que requiere entender y compartir sus emociones. Sin embargo, aquí hay algo tácito que no siempre llama nuestra atención y es el hecho que la fragilidad es compartida tanto por hombres y mujeres. Eso se nota en el contexto del pasaje, pues al decir que ellas son "más" frágiles implica que los hombres también lo somos, pero ellas en un grado mayor. Y eso tiene sentido, pues hombres y mujeres son afectados por las emociones diarias; sin embargo, la expresión masculina siempre es menos evidente.

Enseguida, el apóstol Pedro pasa a indicar un tercer elemento que se nos demanda hacia la esposa y es considerarla con un *valor igualitario*. Nótese que la frase "coherederas de la gracia" apunta al compañerismo en el matrimonio, es decir, que, si el hombre posee la calidad de heredero, también la mujer la posee. Ambos deben verse como compañeros en este camino cuyo fin es honrar a Dios y honrarse mutuamente. Quizá aquí encontremos un buen argumento bíblico para refutar el rivalismo que suele ocurrir en los matrimonios y que nos lleva a pensar que uno es más importante que el otro, o bien, que uno vale más que el otro. Nada puede ser más dañino que estar unido en matrimonio a alguien que consideramos nuestro rival; por ello, la sabiduría en el trato de las emociones de nuestra pareja no es cuestión de estudios sobre estos asuntos, tampoco se limita a obtener una certificación en consejería matrimonial; la verdadera sabiduría es conocer bien a la otra persona y eso solo se logra quedándose. Quizá esto le sorprenda y diga ¡yo nunca he abandonado a mi pareja! Es cierto, físicamente quizá nunca lo haya hecho durante los muchos años que ha vivido bajo el mismo techo; pero permítame recordarle que para abandonar su compromiso de intimidad emocional no se tiene que marchar de casa. Bastará con ignorar lo que siente, anhela o motiva su pareja para demostrarle que ha decidido no quedarse.

Respóndase a sí mismo ¿hace cuánto dejó de sentir con su pareja, llorar o soñar con ella? Es posible que su cuerpo sigue estando ahí desde el día de la boda pero ¿aún está su corazón y sus anhelos bajo ese techo? No olvide que pasar toda una vida en una casa no es lo mismo que ser parte de una casa durante toda una vida. Por eso, el apóstol Pedro no podía finalizar de mejor manera sus consejos en I Pedro 3:7 que con una advertencia muy importante. Él dice que si el esposo no cumple con su esposa los tres componentes que ha señalado (*vida sabia, trato honroso, valor igualitario*) sus oraciones tendrán estorbo. La idea se remite a la posición de sacerdote que ocupa el hombre en la familia, y por tanto, es quien presenta a la familia ante Dios. Pero cuando el esposo no está cumpliendo con su compromiso de intimidad emocional adecuadamente, sus oraciones tendrán estorbo para llegar ante la presencia de Dios. En palabras sencillas, toda clase de esfuerzos realizados para que Dios nos atienda serán infructuosos si antes no cumplimos con nuestro deber de entender adecuadamente a nuestra pareja. No se puede pretender que Dios nos atienda a nosotros si no estamos atendiendo adecuadamente a quien Dios ha unido pactualmente con nosotros.

Finalmente, podemos señalar que, aunque el apóstol Pedro se ha referido a los esposos, la esposa también desempeña una labor importante en el trato de las emociones. Si ella trata de entender la manera de pensar de su esposo, ambos harán lo que Dios espera de cada uno, ambos habrán entrado en una intimidad emocional eficaz. Recuerde que este es uno de los compromisos más descuidados; no basta unirnos en el cuerpo, también debemos hacerlo en nuestros anhelos, deseos y emociones. Lamentablemente, como las emociones no siempre se comunican naturalmente siempre es necesario utilizar la palabra como un medio para externarlas, por ello, debemos cuidar siempre la calidad de nuestras palabras. El apóstol Pablo muy sabiamente nos recuerda en Colosenses 4:6 que: "nuestra palabra sea siempre con gracia, sazonada con sal, para que sepamos cómo debemos responder a cada uno." Si uno de los pocos medios por los que las emociones se expresan es éste, no dudemos en utilizarlo adecuadamente. Una palabra áspera, sin gracia y sin sazón, puede ser fatal en una relación matrimonial. Así que, tomemos el consejo de sazonar bien lo que vamos a decir; eso nos da la oportunidad de pensar antes de expresar y discernir antes de herir. Llenar de gracia nuestras palabras y sazonarlas siempre es una buena receta para cumplir nuestro compromiso de entender y atender las emociones de nuestra pareja.

III. Intimidad Espiritual

El tercer ámbito de nuestro compromiso íntimo es la intimidad espiritual. Para tratarlo, necesitamos partir de un principio bíblico antropológico; debemos reconocer que una parte de nuestro ser es inmaterial. La pregunta es si estamos dispuestos a compartir esta parte de nuestro ser con la persona que amamos, es decir, ¿está dispuesto a compartir lo que no vemos con la persona que vemos? La Biblia ordena que los casados deben mantener una vida fundamentada en la unidad, esto implica estar unidos en un mismo espíritu. Existen razones por las que debemos mantener saludable la intimidad espiritual; sin embargo, Dave Harvey piensa que una de estas razones es que: "el matrimonio se vive sobre un campo de grandes batallas espirituales. Pero descansa dentro de una guerra que ya ha sido ganada. Nuestro verdadero oponente no está en el lado opuesto de la cama, sino dentro de nuestros corazones. Nuestro enemigo es el pecado que siempre se opone a los deseos del Espíritu. Este es el enemigo más feroz, y realmente el único verdadero enemigo de nuestro matrimonio. Debemos conocer bien a este enemigo."[39]

Cuando reflexionamos seriamente en las implicaciones de la intimidad espiritual tenemos en nuestras manos lo necesario para procurar la unidad en el espíritu con nuestra pareja. El compromiso de los casados es ver la espiritualidad en el matrimonio como un ejercicio colectivo e incluyente, es decir, cultivar la disciplina de orar juntos, leer las Escrituras en unidad, exhortarse mutuamente y congregarse en familia. Aunque le parezca insólito, muchas de estas disciplinas se han abandonado gradualmente en las últimas décadas y se ha agudizado en la actual época post-moderna. Esto nos conduce a una interrogante casi obligatoria: ¿qué o quién es el responsable de este abandono? La respuesta se encuentra bajo el mismo techo. Es un reflejo del abandono de los roles que por diseño divino se le han entregado a la familia; pero específicamente el hombre ha tenido una cuota mayor de responsabilidad al no asumir su rol sacerdotal en la familia. Bíblicamente, este rol debe ser colectivo e incluyente; sin embargo, no es un secreto que en el ámbito cristiano se ha popularizado una espiritualidad particular y mezquina dentro del matrimonio. Muchos esposos cristianos suelen presumir la profundidad de su espiritualidad, pero no les importa el crecimiento espiritual de su esposa, no lo consideran un deber propio.

¿Sabe por qué esto es alarmante? Porque nos hemos llenado de gran cantidad de personas que pretenden ser guías espirituales de otros, pero no lo están siendo de quien debería ser la primera persona en la lista: su propia pareja. Y aunque nos estamos refiriendo al rol sacerdotal del hombre, esto también aplica a muchas esposas cristianas. Las mujeres no están fuera de esta realidad; ellas también han sido

parte de esa gran cantidad de casos en los que, aban-
donando a su pareja en este compromiso íntimo, han
decidido cultivarse a sí mismas espiritualmente.
Pero en el matrimonio ningún esfuerzo individualista puede dar el beneficio espiritual que se espera,
por tanto, es necesario recuperar las disciplinas que
se han abandonado. La pareja debe evaluar esta situación y preguntarse ¿oramos juntos, leemos la Biblia juntos, nos congregamos juntos? Cualquiera de
ambos podría presumir una espiritualidad profunda pero solo su cónyuge es quien le conoce realmente y puede dar testimonio de ello. La intimidad
espiritual, por lo tanto, debe ser alimentada por sus
implicaciones y una de ellas es que procura sentar
las bases espirituales en la pareja. Toda familia cristiana tiene como pilares fundamentales a los esposos; son ellos quienes darán a esa familia el cimiento
espiritual que desean y necesitan a partir de su propia intimidad espiritual.

Por lo anterior, nuevamente debemos señalar
que la intimidad espiritual es esencial. No debemos
medir sus implicaciones solo en el presente, sino en
el futuro. ¿Quién será el ejemplo de los hijos para
orar, leer la Biblia y congregarse? ¿De quién depen-
derá el nivel de espiritualidad que se cultive en
ellos? Es la pareja de esposos quienes tendrán esta
responsabilidad futura que deben cultivar desde el
presente. Pero las implicaciones tienen aún impacto
en las siguientes generaciones, por ejemplo, con los
nietos. No hay nada más satisfactorio para una pareja que ha cumplido bien su intimidad espiritual
que escuchar de sus hijos el deseo de tener un matrimonio como ellos. Es gratificante para una pareja es-
cucharle decir a un nieto que quiere ser tan buen

cristiano como sus abuelos, orar como ellos, servir a Dios como ellos. Por el contrario, puede resultar doloroso que un hijo desee tener un matrimonio como el de otra pareja cristiana y no como la de sus propios padres. Así que, la intimidad espiritual en el matrimonio incluso no es por causa del bienestar particular de la pareja sino de toda la familia. El esposo particularmente debería tomar el compromiso de nunca abandonar su rol sacerdotal, siempre debe procurar que su esposa sea su fiel compañera en este largo camino hacia la madurez en Cristo.

Entonces, ¿Por qué es importante la intimidad espiritual en pareja? Porque esto conduce esencialmente a edificar la casa y si Dios no está dirigiendo esta labor, será en vano (Salmos 127:1). Si nuestra intimidad espiritual como pareja es deficiente, será en vano que pretendamos atender adecuadamente los demás ámbitos de nuestro compromiso. La pareja podrá tener la mejor comida, el mejor vestuario, la mejor vivienda, el mejor estudio, el mejor salario y otras cosas más, pero serán solamente "cosas" que no tendrán sentido si la intimidad espiritual no está siendo atendida. Por supuesto que todas esas cosas son necesarias; esfuércese por ellas y obténgalas, pero no olvide que si Dios no está edificando la casa que construye una pareja, solo serán dos personas que corren el riesgo de poner un fundamento frágil e inestable. No hay fundamento más sólido y estable que una vida espiritual saludable, una intimidad espiritual compartida. Un esposo cristiano no debería estar satisfecho si el crecimiento en la fe sólo está ocurriendo en su vida, pero no en su esposa; igualmente se aplica a la esposa cristiana. Nunca olvide que el matrimonio es una relación que debe profundizar la meta colectiva que tiene todo cristiano de crecer juntos "a la estatura de Cristo" (Efesios 4:13). ¡No se conforme con nada menos que eso!

Conclusión

Hemos considerado el compromiso como el tercer fundamento de un matrimonio bíblico. La importancia del compromiso matrimonial no queda limitado a aquella promesa previa a la boda, sino que debe acompañar a los casados durante este viaje que deben disfrutar juntos. La perspectiva pactual del compromiso nos hace entender que fuimos creados por Dios con diferencias, pero en ellas está contenida la riqueza potencial de nuestra relación. Debemos esforzarnos para lograr el consenso y cumplir el deber de la intimidad sexual, emocional y espiritual. Cuando la pareja esté dispuesta a trabajar responsablemente por su relación y nunca dejar asuntos pendientes, entonces se dará cuenta que los conflictos, grandes o pequeños, formar parte inherente y esencial de la vida matrimonial. Porque solo cuando ambos están comprometidos se garantiza el bienestar de la relación. Así que, veamos con atención el ejemplo de Cristo y su compromiso con la iglesia. Él no cambia, nada lo mueve; él sigue amándola, cuidándola y pronto vendrá por ella para cumplir su gran promesa de vivir unido a ella por toda la eternidad. De igual forma, procuremos que nuestro compromiso matrimonial siempre honre a nuestra pareja y glorifique a Dios.

Preguntas de Estudio – Capítulo 4

Responda lo que se le indica en cada pregunta.
1. ¿Cuáles son los dos beneficios del *compañerismo matrimonial*, que según el autor, se ofrecen en el pasaje de Eclesiastés 4:9-10?
2. ¿Cuáles son los *tres ámbitos* de intimidad que están incluidos en nuestro compromiso matrimonial?
3. ¿Cuáles son los tres elementos que el autor identificó en I Corintios 7:3-5 que ayudan a entender nuestro compromiso en la *intimidad sexual*?
4. ¿Cuáles son los tres componentes que los casados deben aplicar para atender bien la *intimidad emocional* de su pareja, según I Pedro 3:7?

Responda "Falso" o "Verdadero", según corresponda.
5. Un sentido práctico de la palabra *compromiso* viene de "con" y "promesa" porque se relacionan con el fiel cumplimiento de las promesas en los votos matrimoniales.
6. La Biblia muestra que en Edén, la primera pareja se constituyó pecadora por causa de haberse unido en *intimidad sexual*.
7. El cristiano debe tener mucho cuidado con su intimidad emocional porque nuestro trato con las emociones nos priva de utilizar el *razonamiento*.
8. El abandono de las disciplinas que fomentan la *intimidad espiritual* es un reflejo del abandono de los roles que por diseño divino ha recibido la familia.

Reflexione con base al estudio de este capítulo.
9. Explique algunas causas de la *espiritualidad particular* entre las parejas ¿Por qué no les importa el crecimiento espiritual del otro? ¿Por qué no es visto

como deber colectivo?

10. Según su opinión, ¿cómo están cumpliendo los matrimonios cristianos el fundamento del *Compromiso* en la actualidad? ¿Qué sugerencias ofrece para cumplirlo? Comente.

5

TOLERANCIA: Soportándonos en el Matrimonio

Introducción

Si algo caracteriza muy bien al mundo postmoderno es su actitud de intolerancia. Basta observar la conducta intolerante de un conductor en las carreteras, la conducta intolerante de un prosélito en tiempos de campaña electoral, la conducta intolerante del consumidor en un establecimiento, etc. Por supuesto, tolerar no es algo que podamos ni queramos hacer naturalmente; la condición caída del hombre deja ver sus grandes efectos a través de la intolerancia y refleja evidentemente la ruptura que existe en sus relaciones básicas con Dios, consigo mismo, con sus semejantes y con la creación. El matrimonio no es un ámbito ajeno a esta realidad; por ello, los cristianos tenemos un llamado bíblico a vivir en tolerancia, soportándonos en el matrimonio. El cuarto fundamento para la consolidación del pacto matrimonial es la tolerancia. No ocupa este lugar por menor importancia sino por el orden en el acróstico P-A-C-T-O que estamos desarrollando. Sin duda, existen muchos elementos del pacto matrimonial que a nuestro juicio pudieran no ser cómodos y agradables; sin embargo, aunque no lo sean, son necesarios. Uno de estos elementos es precisamente la tolerancia. Si el matrimonio no es algo que se nos entrega acabado sino que debemos trabajar para edificarlo, entonces soportarnos es una necesidad diaria.

Uno de los pasajes que claramente nos ayudan a entender nuestra necesidad de tolerancia es Colosenses 3:13. Pero ¿qué tiene en mente el apóstol Pablo al decir estas palabras? Debemos partir del contexto general. La epístola a los Colosenses se divide en dos partes: la primera es *doctrinal* (1:1 – 3:4) y presenta a Cristo como el gran modelo que todo cristiano debe ver y seguir, puesto que en él habita la plenitud de Dios. La segunda es *práctica* (3:5 – 4:18) y presenta un perfil de vida que el cristiano debería mostrar por causa de su nueva vida en Cristo. Es ahí donde está ubicado nuestro pasaje, ya que uno de los componentes prácticos de la nueva vida en Cristo es la tolerancia. Por supuesto que la tolerancia debe ser aplicada en la totalidad de nuestras relaciones; sin embargo, la importancia de la tolerancia específicamente en el matrimonio se nota porque en el capítulo 3 el apóstol Pablo se refiere a la santidad diaria del cristiano en diversos ámbitos de la vida; por ejemplo, la santidad en el hogar, la santidad en el trabajo y la santidad en la sociedad. De esta forma entendemos que toleramos no solamente por razones de una buena convivencia, sino porque este es un componente del modelo de vida santa.

¿Qué es la Tolerancia? Esta es una palabra que viene del latín *tolerantia*[40] y se relaciona con el respeto de ideas, creencias o prácticas. En tal sentido, tolerancia es la *disposición a admitir en los demás su*

manera de ser, pensar y obrar, a pesar que sea distinta a la nuestra. Nótese que la dificultad práctica de tolerar es que se trata de estar dispuestos; el resto del concepto no sería difícil si tan solo existiera disposición para hacerlo. Entender que nuestro cónyuge es diferente cuando piensa, habla y desea, no debería volverse un problema porque por diseño divino conocemos que existen diferencias entre hombres y mujeres; pero no siempre lo comprendemos y mucho menos, lo aceptamos. La tolerancia es algo que está conectado con el principio compasión cristiana porque tolerar "es una expresión de misericordia que cubre tanto los pecados grandes de conflictos conyugales como los pecados chicos de tensiones maritales."[41] No dudo que mientras su mente procesa el concepto de tolerancia, usted se pregunte cómo conectar y entender ese concepto con la realidad de la vida diaria matrimonial. Resulta didáctico identificar las palabras sinónimas de tolerancia y que se utilizan con mayor frecuencia en la práctica. Entre ellas podemos mencionar y aplicar las siguientes:

Paciencia. Saber esperar no es algo que los seres humanos hagamos por naturaleza y menos aún en la actual sociedad postmoderna, una época de marcada aceleración en la vida. Así que, tener paciencia se vuelve un aspecto práctico de la tolerancia. La paciencia requiere el insumo del tiempo para adquirirla, incluso tendrá que ser necesario atravesar dificultades. En ocasiones, los cristianos pedimos a Dios en oración que nos de paciencia y recibimos una respuesta que no siempre esperamos porque creemos que la paciencia es una planta desarrollada que Dios

nos entregará, pero no es así. La paciencia es una semilla que sedebe regar y mantener diariamente. Por
eso, cuando pedimos a Dios paciencia, lo que se recibe son oportunidades para crecer en ella; por ejemplo, una prueba de difícil solución, una enfermedad
de larga duración, una deuda a largo plazo, etc.

Condescendencia. Quizá el mejor ejemplo para entender este aspecto de la tolerancia se encuentra en
la relación de padres a hijos que todos hemos experimentado. Las madres son generalmente más con-
descendientes en el trato con los hijos que los padres.
Por ello, cuando el hijo necesita algo no acude en primera instancia a su padre sino a la madre porque conoce la forma en que puede obtener su favor, casi
siempre bajo circunstancias en que no sería posible
concederlo. Así que, la condescendencia es otro de
los aspectos que muestran la tolerancia porque, en
esencia, se ignoran condiciones para conceder algo
bajo una excepción. Además, se debe hacer una diferencia muy necesaria; la condescendencia no debe
degradarse a alcahuetería porque ésta si es dañina.
Mostrar una condescendencia sana nunca conducirá
a permitir algo que dañe a quien se le concede.

Aguante. Particularmente este es un aspecto de la tolerancia que excede a las otras en el sentido que rebasa el límite de nuestras capacidades y se vuelve
una carga porque va más allá del límite que podemos sostener algo. Por eso, algo no se vuelve una
carga por el volumen o tamaño sino por rebasar el
límite de nuestras posibilidades. Usted puede estar
enfrentando un gran problema y por muchos años,

pero mientras no se vuelve una carga podrá sobre-
llevarlo; sin embargo, cuando tal situación le causa
dolor por sostenerla, entonces se ha vuelto una verdadera carga. Precisamente ahí toma forma este aspecto de la tolerancia porque aún frente al dolor que
nos causa sostener algo o sostener a alguien, seguimos haciéndolo. El aguante se conecta al sufrimiento
porque no se trata solamente de sentir dolor al tolerar, sino que hay causas genuinas que nos motivan
a la tolerancia.

Ahora debemos preguntarnos ¿Por qué la tolerancia
es tan importante en el matrimonio? Ella es la que
permite cumplir la demanda que se nos hace ante
Dios y la iglesia cuando se nos dice: "los declaro marido y mujer hasta que la muerte los separe." Si no
tenemos tolerancia, entonces será hasta que las diferencias de cómo somos, actuamos o pensamos nos
separen. A menos que haya tolerancia, será algo o
alguien más lo que va a separarnos y no podremos
permanecer juntos hasta la muerte. Por ello, la tolerancia en el matrimonio debe ser vista como una actitud del corazón que tiende a procurar la paz en la
relación, y más aún en una pareja cristiana. Los cristianos decimos adorar al Dios verdadero (y él realmente lo es) pero una de sus manifestaciones más
ampliamente conocidas es ser un Dios de paz (Juan
14:27; 16:33; Filipenses 4:7; II Tesalonicenses 3:16;
Colosenses 3:15). Si decimos que somos hijos de
Dios, entonces debemos mostrar y procurar la paz
como un atributo de aplicación práctica, es decir, llevar la paz en todas nuestras relaciones y en todos los
ámbitos de la vida diaria. Con la tolerancia se provee
un ambiente armonioso, aunque las circunstancias

sean adversas, pero debe hacerse porque solo en ese ambiente podremos avanzar juntos, solo en ese ambiente se consolida el matrimonio.

Cuando decidimos no tolerar, no estamos avanzando en el matrimonio. Esto se debe a que todos nuestros recursos y esfuerzos se consumen en imponer nuestras diferencias, y mientras eso ocurre, el tiempo se nos escapa de las manos y aquello por lo que realmente deberíamos esforzarnos no lo estamos haciendo. Y es entonces cuando nos encontramos solamente "durando" en el matrimonio pero no viviendo nuestro matrimonio. La pareja cristiana debe considerar esto seriamente porque nuestro llamado es ser procuradores de la paz. En el pasaje de Romanos 14:19, el apóstol Pablo exhorta a los cristianos en Roma a que "sigan lo que contribuye a la paz…" en otras palabras, si aguantar o soportar a nuestro cónyuge contribuye a la paz, sin duda, vale la pena hacerlo. Es muy probable que hacerlo no sea de nuestro agrado, pues no es natural tolerar a otras personas; sin embargo, si hacerlo proveerá un ambiente de paz y tranquilidad donde los esposos puedan caminar hacia el cumplimiento de los propósitos matrimoniales, pues tal como agrega el apóstol Pablo, es necesario hacer todo lo que conduzca a "la mutua edificación." Un dicho muy popular expresa que para crear un conflicto se necesitan dos personas; así que, cuando el ambiente de paz y tranquilidad se haya agotado en el matrimonio, no busque razones o culpables externos, pues la única causa será que ambos han dejado de procurarlo.

Existe una realidad que no podemos obviar en el matrimonio y es que ambas personas son diferentes, y sin embargo, existe un llamado bíblico a vivir en tolerancia. En nuestra cultura occidental, incluso existe un elemento que nos despoja de cualquier excusa ante las diferencias en el matrimonio. ¿Sabe a qué me refiero? Ese elemento es el noviazgo, pues es la etapa que los occidentales utilizamos para conocer a la persona con quien nos casaremos. Por lo tanto, no debería sorprendernos que nuestro cónyuge tenga algunas o varias diferencias porque ya tuvimos tiempo para conocerlas y aprender a entenderlas. Lamentablemente, el noviazgo no siempre se utiliza para enfocarse en estos asuntos muy importantes porque si se hiciera, las diferencias naturales que ambos tienen en su manera de ser, pensar y actuar, no serían fuente de problemas en la vida matrimonial. Sabemos que la tolerancia es un principio básico en las relaciones humanas y aunque todas las personas deberían procurarla, los cristianos deberíamos ser buenos ejemplos en esto.

En el pasaje de Efesios 4:2-3, el apóstol Pablo nos recuerda que las buenas relaciones personales son un deber cristiano y nos enseña cómo lograrlo. Él dice que debemos vivir *"con toda humildad y mansedumbre, soportándoos con paciencia los unos a los otros en amor, solícitos en guardar la unidad del Espíritu en el vínculo de la paz."* Para entender esto, debemos partir de que después de nuestra relación con Dios, la más importante e íntima relación que tenemos es la relación matrimonial. Para disfrutar el matrimonio y no sólo durar en el matrimonio se requiere una relación de paz y eso no lo alcanzaremos sin tolerancia. El apóstol Pablo ha mencionado puntualmente tres elementos que nos pueden ayudar a conseguirlo: *humildad, mansedumbre, soporte.* El fruto de los tres componentes será la paz que él ha considerado como un "vínculo" es decir, un lazo, un enlace, una conexión; por tanto, si ese vínculo se daña o se corta, lo perdemos todo. ¿Sabe por qué? Porque cuando hay paz en el corazón no existen obstáculos ni barreras que impidan vivir plenamente; nos entregamos por completo, amamos sin reservas, toleramos sin excusas, estamos en condiciones de vivir un matrimonio que verdaderamente honre a Dios.

I. La Necesidad de Tolerar

La pregunta que sin duda asalta a nuestra mente es ¿Por qué debemos ser Tolerantes? Podríamos dar una respuesta basada simplemente en el buen sentido de compañerismo; sin embargo, debemos saber que la paz, la paciencia y la mansedumbre son parte del Fruto del Espíritu (Gálatas 5:22) que debe reflejarse en un hijo de Dios. Así que, tolerar no es algo que hagamos solo para proveer un ambiente amigable y agradable; lo hacemos porque si el Espíritu Santo mora en nosotros debemos reflejar este aspecto de su fruto en nosotros. El primer campo donde debe reflejarse tal fruto es el matrimonio. No podemos pretender ser tolerantes en otros ámbitos con otras personas si no lo estamos siendo con nuestro cónyuge. Recuerde que cuando nos casamos, estando delante de Dios y de la iglesia, el ministro dijo unas palabras que no dudo que usted aún recuerda: "¿prometes amar en la abundancia y en la escasez"? Generalmente estas palabras las asociamos al dinero y los bienes materiales; creemos que nuestra promesa de fidelidad está limitada a la abundancia o escasez de estas cosas. Pero en realidad, la abundancia y la escasez se aplican a todo lo que necesita un matrimonio, por ejemplo, la tolerancia. En ese sentido, nuestra promesa incluye seguir siendo fieles a nuestro pacto matrimonial incluso cuando haya escasez de tolerancia en nosotros, aun cuando nos resulte difícil ser tolerantes debemos mantenernos fieles incondicionalmente. ¿Sabe por qué? Cuando aplicamos la tolerancia ponemos en evidencia la solidez del carácter de Cristo en nosotros.

Pero existe algo que se debe tomar muy en cuenta en cualquier esfuerzo de tolerancia que hagamos: *las diferencias* vendrán sin que las llamemos. Esto sucederá al tomar una decisión, al demostrar los gustos o deseos personales y al compartir nuestros intereses. No subestime el impacto que pueda tener una diferencia con su cónyuge porque podría ser el inicio de un conflicto. En muchas ocasiones, la tolerancia no necesita asuntos muy complejos para medir nuestra capacidad de aplicarla. Cuando nuestro cónyuge piensa diferente, cuando no nos entiende, cuando se debe tomar decisiones de dinero, cuando tenemos que aceptar los gustos y deseos del otro, cuando debemos compartir intereses familiares, cuando tiene que distribuir el tiempo, cuando se habla de la educación de los hijos, etc. Ciertamente, los cristianos al igual que los inconversos estamos expuestos cada día a muchas ocasiones para contender y volvernos intolerantes en el matrimonio; sin embargo, es ahí cuando ser mansos y humildes se hace necesario para poder superar la mayoría de los conflictos (Mateo 11:29). Recuerde que la tolerancia es una actitud que siempre procura la paz y la edificación de ambos. Es una actitud paciente y dispuesta a darle al cónyuge al menos el beneficio de la duda con tal de obtener la paz en el hogar. Seguramente, la tolerancia es una de las partes más difíciles de cumplir hacia las demás personas, incluyendo nuestro cónyuge. Pero en el caso particular de los cristianos, esto se entiende a partir de dos verdades.

Primero: olvidamos la obra de Dios en nosotros. En una escala del 1 al 10 ¿Cuánto cree que Dios le ha tolerado hasta hoy? Probablemente ha sido mucho. Lamentablemente, no siempre recordamos la gracia de Dios que hizo posible nuestra redención. En el Antiguo Testamento, el profeta Ezequiel muestra abiertamente la tolerancia de Dios con su pueblo en su papel representativo de esposo frente a situaciones de infidelidad (Ezequiel 16:59-63). Ese mismo patrón de tolerancia lo vemos a lo largo de la relación pactual en la historia de redención. Dios utiliza para sus propósitos divinos la paciencia, condescendencia y soporte en el trato con su pueblo. Él hace todo esto no sólo para crear un ambiente agradable con los suyos, sino para cumplir el pacto que nos une a él. Sin embargo, resulta inconcebible porqué nosotros habiendo recibido un trato tolerante no lo replicamos con los demás. Cualquier actitud de intolerancia hacia nuestro cónyuge nos ubica en la penosa posición de aquel deudor que habiéndosele perdonado su propia deuda no fue capaz de perdonar a los demás su deuda (Mateo 18:23-35).

Segundo: olvidamos el proceso de santificación. Uno de los componentes de la sublime gracia que hemos recibido es la presencia permanente del Espíritu Santo y el proceso de santificación que él efectúa en nosotros. Pero no siempre recordamos que la santificación es eso, "un proceso" que no se consumará mientras estemos sobre la tierra. Nuestro cónyuge siempre estará sujeto a cometer errores que pondrán al descubierto las huellas que dejó en nosotros la caída en Edén; una caída de gran magnitud que afectó todas las relaciones humanas, incluyendo el matrimonio. Si recordáramos esto, buena parte de nuestro impulso natural de intolerancia hacia la pareja, sería evitado; Gary Thomas señala que "esto invita a ser gentil y tolerante con mi pareja. Quiero que llegue a ser como Jesús la llama a ser, y espero de todo corazón ser un factor positivo en la búsqueda de ese objetivo (y viceversa). Pero ella nunca llegará plenamente allí mientras esté de este lado del cielo, así es que la amo y la acepto en la realidad de nuestras vidas dentro de este mundo manchado por el pecado."[42] Reconocer los efectos de la caída y entender la santificación como proceso diario y progresivo, es vital para la tolerancia matrimonial.

Es cierto, hasta hoy pareciera que estamos abordando un asunto imposible de cumplir en la vida diaria. Pero solamente es una vaga impresión nuestra porque verdaderamente se puede vivir en tolerancia frente a las más difíciles circunstancias. Las Sagradas Escrituras son un manual para la vida y no cualquier clase de vida, sino una que agrade a Dios y honre nuestro pacto matrimonial. Pero no siempre esta fuente de conocimiento divino es apreciada y utilizada como deberíamos. El peligro resulta ser que, aunque nuestra relación matrimonial parezca muy sólida en el presente, se puede deteriorar si abandonamos el compromiso de poner la Palabra de Dios en el centro de nuestra relación. Las amenazas vendrán de la mentira, la infidelidad o la percepción de que se tienen el uno al otro. Por ello, siempre deben trabajar unidos para mantener saludable su relación personal con el Señor y constante su estudio de las Sagradas Escrituras. Cuando ambos hacen esto, sin duda, experimentarán la gracia de Dios y estarán en mejor capacidad de ser tolerantes cuando sea necesario. ¿Sabe que nos permite asegurar tal cosa? Tolerar no es una fórmula mágica, porque eso la haría una meta imposible; más bien, tolerar es una actitud posible que solo necesita dos insumos: *Comunicación y Perdón*. A continuación se hará un análisis bíblico conciso y práctico de ambos insumos.

II. Comunicar para Tolerar

El primer insumo que el matrimonio necesita para la tolerancia es la *comunicación*. La forma más adecuada de iniciar este apartado es definiendo este insumo. ¿Cómo se define la comunicación? Existen varias definiciones, unas más complejas que otras, pero puede ser definida como: "intercambio de información entre personas. Significa volver común un mensaje o una información. Constituye uno de los procesos fundamentales de la experiencia humana y la organización social."[43] Así que, no sólo nos referimos a hablar, porque eso lo hacemos y hasta de sobra; más bien, comunicarnos significa *entendernos*. La importancia de este insumo para la tolerancia radica en que la falta de comunicación se ha convertido con el paso del tiempo en una de las causas de más alto índice en los divorcios. Las estadísticas son poco variables en este campo; sin embargo, en promedio tres de cada cinco matrimonios se disuelven porque no pudieron entenderse en diversas áreas de la vida matrimonial. Esto debería ser alarmante no sólo para la sociedad cuya base fundamental es la familia, sino para la iglesia, porque los cristianos están incluidos en las estadísticas. Cuando un matrimonio fracasa por falta de entendimiento, la raíz se encuentra en no haber desarrollado una buena comunicación matrimonial; no lograron volverse en la práctica una sola carne y por eso no pudieron hacer común su mensaje.

La importancia de la comunicación y el impacto que ella tiene en la consolidación de un matrimonio nos conduce a formularnos una pregunta muy esencial: ¿Por qué si el hombre y la mujer fueron creados diferentes por diseño divino, Dios manda a que se junten y se entiendan? El propósito es que Dios desea que veamos y entendamos lo imperfectos que somos y lo perfecto que es Él; pero esto solo se logra por medio de la comunicación. Esta diferencia por diseño divino no es una casualidad sino que tiene el propósito de traer un buen balance y bienestar al pacto matrimonial; pero claro, esta diferencia incluye ser diferentes en la forma de comunicarse. Esto se comprueba en asuntos anatómicos y en asuntos prácticos. Por ejemplo, la *división cerebral*[44] explica que las mujeres son más emotivas y los hombres son más críticos. La mujer conecta todo integralmente y le impregna emociones a cada ámbito de la vida. La respuesta científica es que los dos hemisferios del cerebro femenino (lado lógico y lado relacional) están completamente unidos por el *corpus callosum*[45] pero en el caso del cerebro masculino ocurre un fallo cerebral en el feto entre la semana 16 y la semana 24 de gestación. El cerebro masculino recibe un baño químico de testosterona que deja separados ambos hemisferios cerebrales. Este descubrimiento le valió el Premio Nobel de Medicina en 1981 al Dr. Roger Wolcott Sperry. Esto le reveló a la humanidad que Dios dispuso desde la creación una diferencia en hombres y mujeres por causa de los roles diferentes que cada uno cumple por diseño.

Pero también en asuntos prácticos podemos notar esta diferencia comunicativa. ¿A quién le es más fácil entender al hijo varón en casa? Por supuesto que al padre, porque ambos son hombres. ¿A quién le es más fácil entender a las hijas en casa? Por supuesto que a la madre, porque son mujeres. Claro que existen excepciones, pero por naturaleza es más fácil entenderse entre iguales porque saben cómo responden ante cada situación, conocen las particularidades de cada etapa de vida, perciben las necesidades y emociones con más claridad. En resumen, la comunicación entre un hombre y una mujer en el matrimonio pareciera ser un gran desafío a veces inalcanzable, pero no lo es. Si Dios manda que exista comunicación entre dos personas diferentes por diseño es porque él mismo mostró que es posible comunicarse en condiciones y realidades totalmente opuestas. ¿Alguna vez ha pensado cómo le fue posible al Dios santo comunicarse con una sociedad depravada y perversa como la nuestra? ¿Alguna vez ha considerado el gran ejemplo de comunicación que Dios desarrolló entre su cultura de santidad y nuestra cultura de pecado? No siempre pensamos en ello, pero deberíamos hacerlo y muy constantemente. Porque la forma en que Dios pudo establecer mutua comunicación en tan diferentes y opuestas condiciones fue haciéndose uno de nosotros, encarnándose en nuestra realidad.

De este ejemplo divino tenemos suficiente argumento para entender que la comunicación efectiva viene como resultado de la identificación y entendimiento con la otra persona, es decir, con nuestro cónyuge. Los esposos no podrán saber lo que pasa en su interior si no lo comunican; la esencialidad de la comunicación radica en que ella establece puentes que unen a dos personas diferentes y les conduce a la tolerancia mutua. Pero si derriba los puentes desde muy temprano con su pareja, el camino quedará intransitable y el diálogo ya no será posible entre ambos. No olvide que la comunicación es el insumo que permite traer al exterior algo que podría quedarse en nuestro interior si no lo comunicamos. El apóstol Pablo señala este aspecto de nuestra naturaleza al decir "¿quién de los hombres sabe las cosas del hombre, sino el espíritu del hombre que está en él? (I Corintios 2:11a). De esto aprendemos que cada persona se vuelve el depósito de sus propios sentimientos y no será posible que su cónyuge los conozca y entienda a menos que se los comunique. Sin comunicación en el matrimonio sólo tenemos presunción[46]; y ese es un límite que debemos evitar porque conduce a la intolerancia por falta de información. No hay nada más peligroso que dejar de cumplir sus compromisos por ignorar lo que su pareja siente, sufre, desea o espera. Recuerde, la mesa no es sólo para comer, utilícela para dialogar porque las palabras oportunas son invaluables para una relación (Proverbios 25:11).

Ahora bien, hemos llegado al punto en que debemos establecer cuáles son los atributos de una comunicación adecuada que conduzca a un matrimonio tolerante. Preferimos hablar de *atributos* porque éstos son un grupo de cualidades o características propias y únicas que debería tener nuestra manera de comunicarnos en el matrimonio. Recuerde que no se trata solamente de hablar, sino de entendernos; por eso, nuestros lazos de entendimiento con la pareja nunca son arbitrarios sino que deben responder a los principios bíblicos. La lista podría ser amplia pero existen tres atributos esenciales que definen bien la forma en que los hijos de Dios debemos comunicarnos: *transparencia, sabiduría, respeto.* En las secciones siguientes se ofrece una breve pero concisa reflexión de estos atributos.

Transparencia. Este primer atributo puede ser explicado con el relato bíblico de Génesis 3:8-10. Nótese en el versículo 8 que Dios se comunicaba abiertamente con el hombre "al aire del día" y lo llama en una primera ocasión para sostener un diálogo. El hombre no responde sino que se esconde, y es entonces cuando Dios debe hacer un segundo llamado para preguntar "¿Dónde estás tú?" Es necesario resaltar la insistencia que Dios hace para el diálogo, pues aunque el hombre no respondió, volvió a llamarlo. Si esto lo aplicáramos al matrimonio, evitaríamos una serie de problemas de comunicación por la falta de iniciativa. Si el diálogo se ha roto y usted no está siendo correspondido ¿Acaso no vale la pena tomar la iniciativa las veces que sea necesario? ¡Por supuesto que sí! También resulta importante la forma en que Dios insiste en la comunicación; él utiliza un sentido interrogativo. Las preguntas son clave para el diálogo porque proveen las condiciones para que la contraparte no sólo exprese lo que siente sino por qué lo siente. Observe el versículo 10; ahí Adán dice que tiene "miedo" porque estaba "desnudo." No hubiera sido posible que existiera transparencia en este diálogo a menos que Dios tomara la iniciativa. Aprendemos de este pasaje que, así como en Edén, tapando con hojas la vergüenza del error no se resolvió el problema, en nuestro matrimonio tampoco esconderse y evitar el diálogo traerá la solución. Evitar el diálogo solamente dañará aún más la relación. Nunca oculte nada a su pareja porque la falta de transparencia en el matrimonio puede conducir a un peligro mayor en el futuro; mientras más demore en compartir con su cónyuge lo que siente o lo que ha cometido, mayor será el daño que esto traerá a su relación.

Sabiduría. Este segundo atributo ha quedado bien explicado en el pasaje de I Pedro 3:7 en que el apóstol Pedro se refiere a este asunto, diciendo: "vivid sabiamente." Sin duda, un área de la vida en que debemos ser sabios es la comunicación matrimonial. Hace mucho tiempo escuché decir a un maestro que en la vida las cosas no siempre se le dan a quien las merece sino a quien mejor las sabe pedir. Con eso, quiso explicar la importancia de elegir bien nuestras palabras cuando nos comunicamos. Una comunicación sabia no está limitada al matiz de nuestras palabras o al tono de nuestras expresiones, también incluye investigar antes de juzgar, pensar antes de hablar, meditar antes de opinar. La práctica sabia de estas acciones conduce a que nuestra comunicación sea saludable y no proveamos condiciones para que el diálogo se degrade. Pero ¿por qué aplicar sabiduría en la forma de comunicarnos? El apóstol Pedro advierte el motivo: "para que vuestras oraciones no tengan estorbo." En otras palabras, nuestra comunicación divina puede ser afectada por nuestra comunicación humana. No podemos esperar que Dios nos escuche si no estamos escuchando a nuestro cónyuge. Aplique la sabiduría quitando los obstáculos en su comunicación personal para que no haya estorbos en su comunicación espiritual.

Respeto. Este tercer atributo también lo consideró el apóstol Pedro como se observa en el pasaje de I Pedro 3:6 refiriéndose al trato de Sara hacia Abraham. Por supuesto que ella conocía su nombre, pero llamarle "señor" era una forma de mostrar el respeto hacia él, incluso en la manera de comunicarse. Uno de los motivos que suele disminuir el grado de respeto comunicativo en pareja es el enojo. Algunas esposas llaman en forma diferente a su esposo cuando están contentas y de otra forma cuando están enojadas. Por ejemplo, en la alegría le llaman "amor, cariño, cielo, etc." pero en el enojo no quisiera imaginar los calificativos que se utilizan. ¿Acaso Sara no tuvo motivos para enojarse con Abraham? Sí, los tuvo; algunos muy graves como los que se relatan en Génesis 12 y Génesis 20, pero nunca esto fue motivo para faltarle el respeto, incluso en su forma de llamarlo. De esto aprendemos que la comunicación es ciertamente un medio que permite confrontar, pero esto no significa que debamos irrespetar a nuestro cónyuge. Por supuesto que se puede decir la verdad sin herir a la otra persona; así que, el dicho popular "la verdad es dura y hiere" no es apoyado por la Biblia porque se puede hablar la verdad en amor (Efesios 4:15) y crecer hacia la madurez en Cristo.

III. Perdonar para Tolerar

El segundo insumo que el matrimonio necesita para la tolerancia es el *perdón*. Nuestra consideración de este asunto debe iniciar reconociendo que nuestra naturaleza humana caída nos hace seres imperfectos, sujetos a pecar constantemente. Tal condición nos hace mutuamente necesitados del perdón. Pero cuando hablamos de perdonar no nos referimos a sólo pasar por alto algo, porque eso ya lo hacen muy bien los incrédulos. El perdón bíblico que los cristianos debemos practicar no es un mero sentimiento sino una decisión. Es decidir arrancar de raíz el daño o la ofensa que hemos recibido y aceptar a quien nos lo causó, como si nunca lo hubiera hecho. En otras palabras, perdonar es la decisión de ofrecer gracia en vez de exigir justicia, de la forma en que Cristo lo hizo con nosotros. El ejemplo más ilustrativo nos lo ofrece la doctrina de la justificación; ella nos muestra el acto soberano de Dios por el cual, siendo pecadores, él nos perdona y nos ve como si nunca hubiéramos pecado por los méritos de la justicia de Cristo aplicada a nosotros. Si esto no fuera suficiente, también la justificación nos informa que Cristo no solo fue un buen abogado que nos representó ante el Padre para tener el perdón, sino que se puso en nuestro lugar y llevó la condena que nos correspondía a nosotros por nuestros pecados.

No se preocupe; claro que no he olvidado que estamos tratando el asunto del perdón en la vida matrimonial. Pero tal asunto no se entiende si antes no comprendemos la clase de perdón, que, sin merecerlo, hemos recibido nosotros primero. Una de las razones por las que generalmente el perdón es tan difícil de cumplir entre las parejas es que olvidan que perdonar no es algo que no hayan recibido antes de parte de Dios. Perdonar no debería ser tan difícil para alguien que ha recibido exactamente lo mismo y sin merecerlo. Por otro lado, el perdón también se vuelve difícil para otros por considerarlo un sentimiento solamente; sin embargo, no puede ser un acto sentimental porque nuestros sentimientos cambian constantemente. Usted no perdona a alguien por doce horas y al cabo de ellas le retira su perdón; esto no es posible porque el perdón es una decisión, es un acto definitivo concedido a otra persona. Si el perdón es temporal, no es perdón genuino; solo hemos pasado por alto la ofensa. En el ámbito práctico, el verdadero rostro del perdón en la vida diaria del cristiano es que, aunque naturalmente responderíamos en igualdad de actitud contra quienes nos ofenden, respondemos con gracia. Y esto lo hacemos no por un acto de nuestra propia bondad sino porque reconocemos que no hemos hecho nada para merecer la cantidad de gracia que hemos recibido de Dios. Esta es la esencia y el argumento bíblico por el que los casados deben siempre perdonarse en el matrimonio. No lo hacen por justicia o por méritos, sino como testimonio de la gracia recibida.

Ahora bien, ¿cómo revela Dios la forma en que se mide su perdón? Para ello resulta muy ilustrativo el pasaje de Salmos 103:12 en que David expresa: "Cuanto está lejos el oriente del occidente, hizo alejar de nosotros nuestras rebeliones." Realmente no sabemos si el rey David conocía la distancia desde el oriente al occidente, lo que sí es cierto es que hay una gran distancia y así de lejos ha alejado Dios nuestros pecados. Pero nótese que en este pasaje la palabra clave es "alejar" (rakjác, heb. רָחַק)[47] que significa *ampliar, alejar, apartar, arrojar*. Por tanto, cuando Dios "aleja" nuestras ofensas implica que perdona lo que hicimos de modo que ya no afectan nuestras relaciones para con él. Cuando pecamos y nos volvemos a Dios en verdadero arrepentimiento, él no sólo perdona nuestro pecado, sino que además nos purifica de toda injusticia. Cada vez que enfrentamos una situación que nos demanda perdón, deberíamos recordar el trato inmerecido que recibimos de Dios cuando por su gracia decidió tener misericordia y nos concedió el perdón. En ese acto, Dios "sepulta nuestras iniquidades y echa a lo profundo del mar todos nuestros pecados" (Miqueas 7:19). Él decide nunca más volver a recordar lo que antes hicimos.

Pero hay otro aspecto que debemos señalar. Una cosa es que Dios no se recuerde más de nuestras faltas, pero otra cosa distinta es la necesidad que nosotros sí lo hagamos cuando las cometemos. Sucede que los casados no siempre están dispuestos a otorgar el perdón porque consideran nunca haberlo necesitado. Pero ¿Quién es aquel que nunca ha fallado para no necesitar el perdón de sus semejantes? ¡Absolutamente nadie! Por ello, la oración del cristiano siempre debe incluir la confesión como un acto de reconocimiento de nuestra falibilidad ante Dios y los hombres. Al respecto, Agustín de Hipona manifestó que "quien deja de confesarse, ha dejado de creer." La esencia de tal declaración es que toda persona que no se confiesa expresa una actitud arrogante; cree que todo está bien cuando en realidad no lo es. Todo aquel que no se confiesa considera que no hay algo que Dios deba perdonarle, pero "Si decimos que no tenemos pecado, nos engañamos a nosotros mismos, y la verdad no está en nosotros" (I Juan 1:8). Toda la riqueza bíblica que hemos considerado hasta este punto no es más que un breve argumento por el que ningún cristiano debería negar el perdón a su prójimo, y nuestro prójimo más cercano vive con nosotros bajo nuestro mismo techo. ¿Sabe a quién nos referimos, verdad? Nos referimos a nuestro cónyuge, la persona con la que compartimos nuestro pacto de amor.

En la perspectiva pactual del matrimonio es fundamental entender lo que ya hemos dicho antes: el pacto no busca la propia satisfacción, sino el bienestar colectivo. En ese sentido, el perdón se vuelve un insumo necesario para la tolerancia matrimonial porque la realidad es que siempre vamos a convivir con la necesidad de tolerar, y por consiguiente, debemos perdonar. Hay detalles que suceden durante la boda y pronto se olvidan; por ejemplo, Jackie Bledsoe señala que "cuando intercambió los votos matrimoniales, prometió ante Dios y su cónyuge que estaría comprometido a través de todo. Honre este compromiso, a pesar de las fallas de su cónyuge y su falta de expectativas. La necesidad de perdón nunca desaparecerá en su matrimonio, ¡así que hágalo bien!"[48] Tener la confianza mutua que a pesar de las imperfecciones siempre hallará perdón mutuo, es algo que garantiza el buen entendimiento entre la pareja. Nunca muestre una actitud renuente cuando deba perdonar a su cónyuge, más bien, demuéstrele su plena disposición de entender sus faltas y su deseo incondicional de perdonarle. ¿Acaso no tenemos esa confianza en nuestra relación con Dios? ¡Claro que sí! No hay nada que llene de paz nuestro corazón que el hecho de saber que Dios es una fuente inagotable de perdón. Uno de los salmos graduales que eran entonados por los peregrinos que subían a Jerusalén para adorar a Dios, nos recuerda algo sorprendente: "Pero en ti se halla perdón, y por eso debes ser temido" (Salmos 130:4).

Los casados deben entender que el perdón genuino siempre se enfrentará a una condición opuesta. Perdonar no es algo que nos agrade por naturaleza o algo que sea cómodo para nosotros, pero es necesario hacerlo. Porque la capacidad de perdonar demostrará que usted ha entendido cuál es su posición ante Dios y esa es la posición de *redimido*. Cuando llegamos al nivel en el que podemos perdonar al cónyuge sin condición es entonces que hemos entendido la esencia de nuestra redención. Tanto el hombre y la mujer casados no deben olvidar que ambos son pecadores rescatados de la esclavitud mediante un precio que no podían pagar pero han recibido la libertad gratuitamente. Claro que perdonar no es algo fácil de entender y mucho menos de practicar; pero hay algo que permite que aún las cosas más difíciles de hacer sean posibles: ver la cruz de Cristo. ¿Sabe por qué? Es ahí donde comprendemos que el perdón está ligado al sacrificio. Perdonar es una decisión que rebasa los límites de la coherencia, pero nos coloca en el plano de la tolerancia; Jesús mismo se refirió a esto cuando dijo "si amáis a los que os aman, ¿qué recompensa tendréis? ¿No hacen también lo mismo los publicanos?" (Mateo 5:46).

Así que, ningún esfuerzo será significativo para mantener la tolerancia si no perdonamos a nuestro cónyuge sus ofensas; y para ello, debemos recordar lo que Cristo ha hecho también con nosotros (Colosenses 3:13). Tal como lo indicamos antes, el prójimo más cercano que debe recibir nuestro perdón es con quien estamos unidos en matrimonio. No hay nada que ponga en ventaja moral delante de Dios a alguno de los casados; ambos están en igual condición. Los deudores morales como nosotros, que habíamos ofendido tan gravemente a Dios, no tenemos ningún derecho a negarles a otros nuestro perdón. Se sabe que, en ciertos casos, la iglesia debe tomar medidas disciplinarias para corregir al ofensor; pero incluso en tales circunstancias, esto no significa que los ofendidos no deban perdonarle. El apóstol Pablo nos recuerda esta realidad en Colosenses 2:13-14. En este pasaje notamos la magnitud del perdón de Dios que incluyó "todos los pecados" y no sólo algunos de ellos. En otras palabras, no se nos ha perdonado poco, se nos perdonó todo. Ahora bien, ¿Acaso no podemos hacer lo mismo con nuestro cónyuge? Permítame decirle que no solo podemos, sino que debemos hacerlo las veces que sea necesario.

Finalmente, necesitamos concluir diciendo que el perdón no es un simple principio para la buena convivencia; perdonar es una virtud loable del cristianismo bíblico. De hecho, así era considerado por los rabinos en la tradición judía, pues la ley no lo exigía. Sin embargo, Cristo, sí lo exigió. Tanto en el Padrenuestro como en la parábola de los dos deudores, no sólo se nos enseña que el perdón de Dios debe animarnos a practicarlo, sino que se nos entrega una seria advertencia: "nos será quitado si no lo practicamos" (Mateo 6:14-15; Mateo 18:32-35). Esto debería advertir a los casados a mantener siempre una actitud dispuesta a perdonar a su cónyuge, no sea que nos encontremos de rodillas ante Dios orando "perdona nuestras ofensas" si aún no somos capaces de "perdonar a los que nos ofenden." Procure nunca olvidar esta advertencia del Señor; más bien, abrace toda la riqueza bíblica que hemos considerado hasta hoy y decida hacer del perdón una forma evidente de testificar la obra de gracia que Dios ha hecho en su vida. Le aseguro que nada traerá más gozo y paz que esto, porque el perdón nos libera y nos une mutuamente con aquellos que amamos.

Conclusión

Hemos considerado la tolerancia como el cuarto fundamento de un matrimonio bíblico. La importancia práctica de la tolerancia es que nos hace entender la mutua necesidad que existe entre la pareja frente a la realidad de que ambos son seres imperfectos, falibles y sujetos a fallar. Esta realidad conduce a los casados a utilizar bíblicamente los insumos de la comunicación y el perdón. La perspectiva pactual de la tolerancia nos enseña que una buena relación matrimonial depende de una efectiva comunicación, aún en condiciones adversas. Nunca la comunicación debería degradarse, más bien, debe mantenerse sabia, respetuosa y transparente. Además, ante la realidad de nuestra falibilidad se nos recuerda que el perdón es suficiente para cubrir todas las faltas, que sin duda, vamos a enfrentar. En definitiva, para no olvidar la perspectiva pactual de la tolerancia, considero muy pertinentes las palabras del Dr. Swindoll, al decir que: "Todos los matrimonios tienen por lo menos una cosa en común: *todos están formados por pecadores*. Tarde o temprano, uno de los cónyuges pecará contra el otro; y pecará en grande. El pecado, el perdón, y reconstruir confianza constituyen un reto al compromiso de todo matrimonio."[49]

Preguntas de Estudio – Capítulo 5

Responda lo que se le indica en cada pregunta.

1. ¿Cuáles son los *dos insumos* que, según el autor, se requieren para la tolerancia?

2. Mencione los *tres sinónimos* de tolerancia que utilizamos con mayor frecuencia en la práctica y sirven para entender mejor este concepto.

3. ¿Cuáles son los *tres atributos* esenciales que definen bien la forma en que los hijos de Dios debemos comunicarnos en el matrimonio?

4. ¿Cómo se llaman los *dos pasajes bíblicos* que enseñan que el perdón de Dios debe animarnos a practicarlo y además nos entregan una seria advertencia?

Responda "Falso" o "Verdadero", según corresponda.

5. Si nuestro cónyuge es diferente cuando piensa, habla y desea, no debería volverse un problema porque es un aspecto propio del *diseño divino*.

6. La promesa de amarse en abundancia y escasez, no sólo se aplican al dinero y los bienes, sino a otros campos de necesidad mutua como la *tolerancia*.

7. Una comunicación *sabia* se refiere solamente a cuida el matiz de nuestras palabras o el tono de nuestras expresiones hacia nuestra pareja.

8. Así como Dios no recuerda nunca más nuestras faltas cuando las perdona, nosotros también debemos *olvidarlas* cuando las cometemos.

Reflexione con base al estudio de este capítulo.

9. Explique por qué el perdón es una decisión que rebasa los límites de la *coherencia* para colocarnos en el plano de la *tolerancia*. ¿Está de acuerdo con esta afirmación? ¿Por qué?

10. Según su opinión, ¿cómo están cumpliendo los matrimonios cristianos el fundamento de la *Tolerancia* en la actualidad? ¿Qué sugerencias ofrece para mejorar? Comente.

6

ORDEN:
Respetándonos en el Matrimonio

Introducción

Uno de los elementos esenciales que sostienen al matrimonio bajo una perspectiva bíblica es el orden que dirige su funcionamiento. Gran parte de los problemas y conflictos que ha tenido que enfrentar el hombre y la mujer al casarse tiene su raíz en la visión errónea del orden que Dios ha establecido para ambos. Este orden responde a la naturaleza divina del matrimonio y no a cualquier circunstancia del contexto cultural. De hecho, la definición divina del matrimonio precede a la cultura y a la comisión del pecado, pues cuando Dios dice en Génesis 2:24 "...dejará el hombre a su padre y a su madre, y se unirá a su mujer, y serán una sola carne" aún no han pecado y la cultura humana aún no se ha desarrollado. Hoy día encontramos una marcada diversidad de definiciones respecto al matrimonio, y por consiguiente, una gran diversidad de perspectivas sobre el orden que debe regir la vida matrimonial. Gran cantidad de sectores sociales abogan que el orden en el matrimonio es un asunto sociocultural, otros creen que solo es un conflicto antropológico, pero repudian la visión cristiana que es teológica y pactual. Muchas perspectivas erradas han llegado incluso a adquirir legalidad a través de los gobiernos; sin embargo, un orden anti-bíblico que sea legal no significa que sea legítimo. Por supuesto que no podemos esperar que los gobiernos tengan una perspectiva acorde a la Palabra de Dios y tampoco que la cultura postmoderna ame y se sujete al orden divino para el matrimonio.

Frente a esta palpable realidad, nos compete desarrollar el quinto fundamento para la consolidación del pacto matrimonial y ese es el orden. Con este fundamento concluimos el acróstico P-A-C-T-O que estamos desarrollando. Debemos partir de la premisa bíblica que nuestro Dios es un Dios de orden; por lo tanto, este aspecto de su naturaleza afecta todo lo que Él ha creado. Notamos el orden divino en la coherencia de las estaciones, el comportamiento de las mareas y el equilibro de las órbitas solares. Debido a esto se nos hace posible a los humanos ordenar nuestra vida porque sabemos con qué precisión el sol se pone y vuelve a salir; sabemos cómo cambian las estaciones del año, sabemos cómo serán las mareas, y cómo rotarán los planetas sobre sus ejes. Pero el orden divino también incluye instituciones cuya naturaleza radica en Dios, es decir, el matrimonio y la iglesia. En consecuencia, donde existe desorden, ahí no está Dios. Cualquier institución humana que esté en desorden no funciona bien porque no responde al propósito fundacional de quien la creó. En el caso particular del matrimonio, el orden fue establecido por Dios antes de la cultura y antes del pecado, lo cual constituye un orden fundacional, único e irreemplazable pues fue definido "al principio de la creación..." (Marcos 10:6-8).

El orden divino para el matrimonio es, por supuesto, un asunto esencial que no siempre entendemos. Y esta es una de las razones por las que no podemos manipular la Palabra de Dios a nuestra conveniencia en asuntos como éste, pues no entendemos todo el plan que existe detrás del orden que él ha establecido. Estamos limitados a verlo oscuramente, pues hay misterios en el plan de Dios que Él no nos revela. No comprendemos todas las implicaciones de cambiar una de sus reglas, sencillamente porque no somos Dios. Para ilustrar esto utilizaré como ejemplo a mi pequeño hijo de seis años. En muchas ocasiones le advierto que no corra en algunos sitios específicos; sin embargo, mi hijo no comprende todo el peligro, no entiende la sabiduría y la lógica detrás de la instrucción que le estoy dando. Así que, a mi hijo solo le queda confiar que yo sé por qué le ordeno no correr y obedecer esa orden indiscutiblemente. De igual forma, el matrimonio posee elementos que nosotros no podemos comprender, pero nuestro llamado es respetar el orden que el sabio Dios ha establecido. Esta relación fue pensada para reflejar a Cristo y la iglesia; esto es algo que no podemos cambiar, no es algo cultural ni mucho menos temporal. Es una relación planeada antes de la fundación del mundo, cuando Dios nos escogió para ser santos y sin mancha delante de él (Efesios 1:4) a fin de presentarnos como una iglesia gloriosa (Efesios 5:27) y nadie tiene el derecho de cambiar esto.

La premisa bíblica de que "todo debe hacerse con orden" (I Corintios 14:40) incluye al matrimonio pues fue instituido por Dios, y por tanto, su estructura y funcionalidad debe reflejar al Dios de orden que lo estableció. De hecho, el respeto al orden bíblico no sólo es una muestra de respeto mutuo entre la pareja, más bien, es un respeto a la relación con Dios. Respetar el orden divino es respetar a quien estableció tal orden; por consiguiente, el irrespeto hacia el orden establecido por Dios es un irrespeto hacia él. Así que, ahora estamos en condiciones de formular nuestra primera interrogante: ¿cuál es el orden de Dios para el matrimonio? Para que nuestra respuesta sea objetiva, deberá ser congruente con la perspectiva pactual del matrimonio, tal como se nos presenta en la Biblia. Esto implica entender y aplicar la estructura que Dios estableció para que el hombre y la mujer cumplan roles específicos. En pasajes claves como I Corintios 11:3 es posible notar que la estructura divina contiene una diferencia funcional entre el hombre y la mujer en el matrimonio. Esta diferencia ya la hemos comentado anteriormente; sin embargo, diremos que porque son diferentes es que pueden ejercer funciones distintivas, sin negar o usurpar el rol del otro, o menos aún, pretender realizarse en total independencia. La estructura divina tiene un orden y coloca a Dios como cabeza de Cristo, luego Cristo como cabeza del hombre, y éste como cabeza de la mujer. En el siguiente apartado haremos un breve acercamiento conciso a los elementos básicos de este orden bíblico.

I. El Principio del Orden Bíblico
Cuando nos referimos al orden es natural que pensemos en una categoría conocida y con amplia aplicación en las instituciones de la sociedad humana, incluso al interior de los diversos grupos sociales.

Pero nuestra consideración va más allá; debemos armonizar la idea de orden con la perspectiva bíblica. Etimológicamente, la palabra *orden*[50] viene del término latín *ordo* y su significado específico es el *ámbito de funciones o actividades en el que se enmarca alguien o algo.* Notamos que a partir de esta definición nuestra idea de orden tiene que ver más con funciones o roles en lugar de posiciones o niveles. En términos de nuestra posición en Cristo, debemos reconocer que la Iglesia no es cualquier grupo, es un rebaño que está integrado por ovejas que tienen a Cristo como pastor, ellas escuchan su voz y le obedecen. Cristo es la cabeza y la base orgánica que establece el orden; de Él recibimos la vida, el privilegio de ser parte de su cuerpo y la dirección para vivir como miembros de ese cuerpo ordenado. Esto es así porque "en él habita corporalmente toda la plenitud de la deidad" (Colosenses 2:9). Así pues, de la cabeza recibimos tanto la vida y la dirección; no podemos tomar de otro lugar los principios para el orden en el matrimonio cristiano sino de aquel que ha sido puesto como cabeza, esto es Cristo. Esto supone que todos los que forman parte de su cuerpo no sólo deben conocer el principio de orden, más bien, deben aplicarlo a la vida diaria, incluido el matrimonio.

El orden supone sujeción, pero no sólo para una parte sino para todas. En el matrimonio bíblico debe existir una sujeción mutua porque el llamado es "someteos unos a otros en el temor del Señor" (Efesios 5:21); esto implica respetar los roles que en el orden bíblico se le han concedido al hombre y a la mujer, ambos están mutuamente sometidos al Señor. Es importante considerar que en el contexto de la relación pactual entre la pareja, el orden ocupa un lugar muy

significativo. Esta consideración apunta al hecho
que el matrimonio será un pacto solamente si los que
participan de él respetan el rol que les corresponde
por definición; y esta definición no la establecemos
nosotros, lo hizo Dios desde el principio y se nos
manda que la recibamos y la cumplamos. Lamentablemente, muchos cristianos han sido atraídos y finalmente convencidos por la corriente cultural al
aceptar la visión del igualitarismo, el cual niega la
enseñanza bíblica respecto a los roles complementa-
rios del hombre y la mujer tanto en el hogar y en la
iglesia. Así que, no crea que el problema de orden en
el matrimonio es un asunto externo solamente, sino
que es una realidad al interior del cristianismo actual. Esta realidad se puede notar en la *disonancia* de
aceptar principios bíblicos de autoridad y orden en
otras relaciones (padres e hijos, patronos y emplea-
dos, pastores y miembros, entre otras) pero negarse
a aceptarlos en el matrimonio.

Tanto hombres y mujeres son iguales espiritualmente hablando, según lo muestran las Escrituras
(Gálatas 3:28; I Pedro 3:7), pero reciben una asignación de roles diferentes en la relación matrimonial.
El Dios que ha establecido los principios de autoridad y orden en las otras relaciones que mantenemos
(empleado, ciudadano, padre, etc.) es el mismo que
ha definido los principios de orden para el matrimonio. Entonces, ¿cuál es la razón que ha motivado a
esta disonancia? Parece que es la errada perspectiva
de *posiciones* por encima de la perspectiva bíblica de
funciones. Existe un miedo a la sujeción mutua porque se cree que tal actitud denota un acto degradante a la posición. Con mayor frecuencia, han sido
los hombres quienes se resisten al mandato bíblico

de "someteos unos a otros" y optan por una figura de autoritarismo bajo el argumento que la Biblia les concede tal posición. Pero nada está más alejado de la realidad; pues basta notar el argumento que el apóstol Pablo ofrece para entender que las personas pueden ser iguales, aunque una asuma un rol subordinado al de la otra. Según Jim Newheiser, tal argumento es evidente en el hecho que "Dios el Padre y Dios Hijo son iguales, pero el Padre es la cabeza de Cristo. El Padre envía al Hijo al mundo y el Hijo se somete a la voluntad del Padre en todo. La sumisión del Hijo no es degradante. Por el contrario, es Su gloria. De la misma forma, la sumisión en el matrimonio no implica que su rol sea menos importante..."[51]

Pero no debemos limitarnos a ver el orden bíblico solamente como un problema de disonancia, también es un asunto de *inoperancia*. En los últimos años de consolidación de la postmodernidad ha sido muy evidente la falta de eficacia en alcanzar el propósito de la relación matrimonial. Las parejas suelen ver el orden como un aspecto de menor importancia y colocan al amor como el fin último de esta unión. Claro que el amor es un componente importante en el pacto matrimonial, pero no está limitado a ello. Cuando se exalta el amor de pareja por sobre todas las cosas, tal amor no se habrá convertido en una prioridad, sino en un ídolo. Los casados deben alejarse de esa zona de peligro porque tal actitud conduce a desplazar a Dios del lugar que le corresponde, y eso es evidente en la subestima mostrada hacia la mutua sujeción. El pacto matrimonial no sólo tiene que ver con la pareja sino con una dimensión más amplia que involucra nuestra relación con la totalidad de la creación. El pastor protestante Dietrich Bonhoeffer en un sermón de bodas que redactó durante su cautiverio sobre Efesios 1:12, dijo que: "El matrimonio es más que amor del uno por el otro... el matrimonio les coloca en un puesto de responsabilidad para con el mundo y con la humanidad. Su amor es una posesión privada, pero el matrimonio es más que algo personal; es una posición y un cargo."[52]

Sin duda, cuando leemos Efesios 5:21 vemos que el orden bíblico para el matrimonio solo puede entenderse y vivirse cuando se acepta el llamado de Dios que en este pasaje se resume en "someteos" (*jupotásso*, gr. ὑποτάσσω)[53] un término de naturaleza militar que significa literalmente "ordenar abajo" y conlleva la idea de subordinarse, ponerse a la disposición de una persona que tiene autoridad. En este sentido, el término presupone que una persona es colocada en un orden de autoridad que debe respetar sometiéndose a ese orden. Efectivamente, el apóstol Pablo muestra una armonía de este concepto cuando le indica a los cristianos en la iglesia de Corinto que el orden divino para el ejercicio de la autoridad tiene una clara definición bajo la idea de subordinación (I Corintios 11:3). Pero tal idea no comunica superioridad, sino *funcionalidad*. Por ejemplo, ¿es acaso el Hijo menor que el Padre en esa estructura? Claro que no, pues ambos son Dios en igualdad de esencia y potencia, pero el Hijo se subordina al Padre. Lo mismo podríamos decir sobre el hombre y la mujer: ¿acaso la esposa es menor que el esposo? Claro que no, ambos han recibido el mismo valor pero diferentes roles. Sin embargo, tanto inconversos como cristianos siguen mostrando una renuencia a la mutua sujeción porque piensan en esto como abuso, esclavitud, inferioridad, etc. No olvide que el sentido de "someteos" no resta gloria ni dignidad a quienes se someten. Considere nuevamente el ejemplo de Cristo; él es eterno con el Padre, glorioso como el Padre; pero, además, eternamente subordinado al Padre. Así como es gloriosa la sujeción de Cristo al Padre y no le resta dignidad, así es honrosa la mutua sujeción de la pareja en el orden bíblico, sin restarles dignidad.

Por supuesto que la sujeción al orden es una expresión contraria a los valores de nuestra época postmoderna la cual abiertamente proclama el libertinaje como un derecho a vivir y comportarse como bien le parezca a cada persona. El mandato bíblico es "someteos" pero el mensaje postmoderno parece ser "indignaos", "rebelaos" o "pronunciaos", porque el hombre inconverso se opone al orden divino de las cosas. Por esta razón, los cristianos deberían asumir muy bien el llamado de mutua sujeción para testificar con su matrimonio a este mundo caído que Dios es quien establece el orden. La sujeción entre la pareja no es más que poner sus vidas voluntariamente a disposición del orden bíblico. Este principio se nota en las epístolas paulinas en el hecho que el apóstol Pablo siempre se refiere en un orden no tan natural como pudiéramos esperarlo: primero a la esposa y después al esposo; primero a los hijos y luego a los padres; primero a los esclavos y luego a los amos. La idea es que cada uno cumpla su rol siguiendo el orden de autoridad que Dios ha establecido. Y es entonces que llegamos al momento de preguntarnos ¿Cuál es el orden de autoridad que Dios estableció para el matrimonio? En el pasaje de I Corintios 11:3 que hemos comentado anteriormente, notamos con claridad el orden idóneo para los casados: el hombre es una *cabeza idónea* y la mujer es una *ayuda idónea*. Solamente este orden divino es el que trae bendición a la familia. En los siguientes apartados notaremos los aspectos que incluye cada uno de estos roles designados por Dios a la pareja.

II. El Rol Masculino: Cabeza Idónea

Existe claridad bíblica respecto a que el hombre cumple el rol de cabeza en el orden que Dios ha establecido. Pero no debe ser cualquier cabeza, sino una *cabeza idónea*. Esto se debe a que el esposo tiene a Cristo como modelo de cabeza (Efesios 5:23). El concepto bíblico de ser cabeza no armoniza con la perspectiva que tiene la sociedad; ella utiliza también esta palabra, pero con diferente significado. A propósito, la confusión con esta definición estableció las bases para el surgimiento del movimiento feminista. Así que, la comprensión bíblica apunta al concepto de autoridad en el reino de Dios, mismo que se aplica en otras esferas de nuestras relaciones. La autoridad del reino de Dios en la familia se le ha otorgado al hombre, y por lo tanto, hay un peso de responsabilidad por este rol. Quizá es importante señalar que, la sociedad enfrenta grandes problemas porque el cargo de mayor responsabilidad en la familia no está siendo entendido y ejercido en forma adecuada, y nos referimos al cargo que Dios le ha entregado al hombre. Sin embargo, los acercamientos al concepto de ser cabeza no serán completos sin un entendimiento de los componentes incluidos en el rol asignado al esposo. A continuación, notaremos en forma breve una serie de pasajes bíblicos que nos ayudan a formular una lista elemental.

Amor Genuino (*Efesios 5:25*). El esposo es quien debe amar por mandato de su función y no porque sea una iniciativa o deseo propio. Ciertamente, este es uno de los desafíos más grandes que debemos enfrentar en la vida cristiana debido a la ignorancia que existe sobre este asunto. Pero a la ignorancia también debemos añadir nuestra imperfección con la cual batallamos constantemente los hombres y eso nos puede llevar a pensar que es imposible cumplir con este componente de ser cabeza. Sin embargo, si alguien tiene que ser ejemplo de amor en la pareja, ese debe ser el esposo. Por supuesto que esto no es algo que el esposo cristiano no pueda hacer, porque a pesar de la ignorancia e imperfección, tiene como modelo perfecto a Cristo y como insumo eficaz la nueva naturaleza que ha recibido por el Espíritu Santo en el evangelio. En el contexto del pasaje de Efesios 5:25 se nota la clase de amor que Cristo da a la iglesia y también la designación del hombre como cabeza del hogar. Luego, con base a estos dos aspectos, el apóstol Pablo procede a establecer la enseñanza que el hombre por cuanto es cabeza y tiene a Cristo como modelo de amor, debe amar a su esposa por causa de su rol y con base a su modelo. Así que, el hecho de ser cabeza coloca al hombre por voluntad divina en un plano de exigencia muy alto, pues no se le pide que ame como crea conveniente o como le resulte más cómodo hacerlo, sino como Cristo nos ha amado y eso implica ser una cabeza idónea que ama a su esposa incondicionalmente, sacrificialmente, encarnacionalmente y magisterialmente.

Pero en el versículo 25, usted notará con especial atención dos verbos que son primarios en el texto: amar (gr. *agapēse*) y dar (gr. *paredōken*), ambos consolidan la idea bíblica del amor porque como lo hemos señalado anteriormente, el amor bíblico no es un sentimiento sino un acto de la voluntad y eso lo vemos claramente en el hecho que "de tal manera *amó* Dios al mundo que *dio* a su hijo unigénito" (Juan 3:16). Observe el énfasis en la armonía de los dos verbos también en este pasaje. En términos generales, la cabeza no ha sido puesta por Dios para esperar recibir algo sino para entregarse en forma integral por su esposa. Pedirle al hombre que ame con la misma clase de amor divino que hemos recibido, es pedirle que se entregue a este pacto sin reservas y eso incluye entregar todo lo que es, todo lo que sabe y todo lo que tiene. Existe una abundancia de pasajes en la Biblia que muestran a Cristo "dándonos" una serie de beneficios por causa de su amor por nosotros. Por ejemplo, nos ha dado vida (Efesios 2:1), dones y habilidades (Efesios 4:8), perdón (Colosenses 2:13), el Espíritu Santo (I Tesalonicenses 4:8), consolación y esperanza (II Tesalonicenses 2:16), y en definitiva, Él se dio a sí mismo (Tito 2:14).

La idea que comunica esta serie de pasajes es la relación *amar–entregar*, misma que se le pide al hombre como cabeza. ¿Le sigue pareciendo un desafío muy grande? Permítame recordarle que el diseño de Dios para el matrimonio es perfecto y si el amor genuino es uno de los componentes del rol masculino, entonces es posible cumplirlo. Un predicador dijo algo muy cierto en una conferencia para hombres: "Dios nunca nos pedirá algo que no podamos hacer y nunca hará algo que a nosotros nos corresponda hacer." El esposo cristiano tiene el manual de Dios para el matrimonio en sus manos; no leer este manual es una falta grave a su compromiso y función como cabeza, pues los hombres no debemos olvidar que la ignorancia de las Escrituras no nos exime de la responsabilidad que ellas nos revelan. Así que, el esposo cristiano debe enfocar su esfuerzo a amar a su esposa con entrega total sin confundir este sublime afecto con el simple hecho de entregar cosas que parezcan valiosas. Una buena esposa no sólo está esperando que su esposo le entregue un regalo costoso el día de aniversario de bodas o de su cumpleaños, tampoco espera recibir flores todos los días, aunque algunas aprecian ese detalle; más bien, ella espera que nos entreguemos nosotros mismos, que las consideremos y la entendamos adecuadamente.

Trato Adecuado (*Colosenses 3:19*). Este segundo componente está conectado con el anterior, es decir, por cuanto un esposo ama en forma genuina a su esposa, no debería ofrecerle un trato inadecuado. Nótese esta indicación del apóstol Pablo cuando dice "Maridos, *amad...* y no seáis *ásperos* con ellas." En este pasaje, la palabra "áspero" (*pikrainō*, gr. πικραίνω)[54] denota la acción de amargar, hacer que algo se vuelva agrio. Y efectivamente, esa es la actitud que no debe mostrar el esposo cristiano. Es probable que usted piense que nos referimos al maltrato físico solamente; sin embargo, aunque eso está incluido en este concepto, debemos saber que los golpes ciertamente lastiman el cuerpo, pero la aspereza hacia la esposa lastima el alma, violenta la dignidad y vulnera el orden divino. No necesitamos profundizar tanto en este asunto para entender que la naturaleza emocional de la mujer es más sensible y por eso Dios manda al hombre a brindarle un trato adecuado. El matrimonio esencialmente no tiene el propósito que seamos felices, sino que seamos santos. Usted no debería tratar bien a su esposa porque eso le satisface a usted o le agrada a ella, usted debe hacerlo porque eso promueve una vida de santidad, y esta vida santa produce la felicidad, como un fruto y nunca como un fin en sí mismo.

El matrimonio ciertamente es un pacto, pero un pacto santo, y el trato adecuado hacia la esposa reflejará que se ha entendido la función de ambos en la relación pactual. Por lo tanto, un esposo cristiano no puede justificar el maltrato a su esposa como un problema causado en el matrimonio; eso es una falsedad. El matrimonio no crea problemas, solo revela los que ya teníamos antes de casarnos; por ejemplo, la inmadurez, el egoísmo, el orgullo, etc. Todas estas falencias humanas se encargan de poner en evidencia la clase de persona que somos ante nuestro cónyuge y deben ser corregidas a la brevedad posible. Tampoco se puede utilizar el argumento de ofrecer un maltrato solo porque no entendemos a la esposa. Bíblicamente, no nos corresponde corregirla; y en la práctica, tampoco podemos hacerlo. De hecho, la ciencia aún sigue haciendo esfuerzos por tratar de entender el comportamiento humano en hombres y mujeres. Pero esto no nos da el derecho de abandonar el mandato de tratar adecuadamente a nuestra esposa; aunque muy regularmente sea difícil entenderla, debemos darle el trato que merece.

Nunca deberíamos subestimar el daño que un maltrato puede ocasionar más temprano que tarde en el matrimonio; Tim Keller nos recuerda que "todo maltrato fomentará y aumentará un egocentrismo de base. Las injusticias pueden actuar como gasolina sobre un fuego ya encendido. Las llamas y el humo resultante podrán asfixiarlo, pero la herida era anterior... el pasado nunca da derecho a manipular el presente a nuestro antojo."[55] Por esta razón, el trato adecuado también se vuelve una demanda por causa de nuestra madurez en Cristo; ambos están caminando el mismo camino de fe y ambos experimentan el mismo proceso de santificación. En términos prácticos, su esposa debería estar mejor hoy que cuando era soltera. Ella debe experimentar un mejor trato en todos los ámbitos de su vida ahora que está casada; ella debe ser apreciada, valorada, cuidada y atendida por que ella es nuestra compañera pactual. Pero ¿valora a su esposa en esa calidad? Si no lo estamos haciendo, conviene recordar que el buen trato que Cristo le da a su iglesia es para *"presentársela a sí mismo"* (Efesios 5:27), en otras palabras, el trato adecuado o el maltrato a la esposa, siempre tendrá repercusiones hacia el esposo. Si le tratamos con aspereza, amargura o agrura, provocaremos en ella un estado de ánimo adverso que luego se volverá contra nosotros mismos; por eso atendamos el buen consejo y ¡nunca las tratemos mal!

Honra Constante (I Pedro 3:7). Este tercer componente implica que el esposo cristiano debe aplicar la sabiduría para la convivencia con su esposa, es decir, considerar cuál es la función que ella ocupa en el orden divino y honrarla por causa de esa función. Cuando el apóstol Pedro aconseja a los esposos que "den honor a la mujer" tiene en mente el sentido de afirmar el respeto que ella merece por la función que

Dios le ha concedido. De hecho, el término "honor" (*timē*, gr. τιμή)[56] incluye la idea de *respeto, reconocimiento, valor*. Lo que en realidad se le pide al esposo cristiano es que afirme constantemente a su esposa con hechos y palabras. Un ejemplo de afirmación de este tipo se nota en Proverbios 31:28; ahí se muestra a una mujer virtuosa, tan virtuosa como la que Dios nos ha dado, pero a ésta "se levantan sus hijos y la llaman bienaventurada; Y su marido también la alaba." La pregunta es ¿recibe tal honra nuestra esposa en casa? Debemos identificar evidencias de gracia en nuestra esposa y decírselas. No basta con saberlo, es necesario expresarlo. Sin duda, éste es uno de los componentes más descuidados del hombre como cabeza; y no es una suposición, sino un hecho comprobable en los índices de maltrato que reciben las mujeres; por ejemplo, hasta 2016 la oficina de ONU Mujeres[57] reportó que alrededor de 70% de las mujeres sufren algún tipo de violencia en su vida. Lo impactante es que estas estadísticas no incluyen aquellas que sufren maltrato de manera silenciosa.

Muchas esposas viven una larga sequía de honra porque las palabras y acciones honrosas parecen muy escasas; ésta es una deuda importante que el esposo cristiano debería saldar lo antes posible. ¿Sabe por qué es importante honrar constantemente a la esposa? Porque si no la honramos, estamos haciendo lo contrario: menospreciándola. La gravedad de una actitud como el menosprecio radica en que es un daño colectivo; menospreciarla a ella implica un menosprecio a Dios, y a nosotros mismos. Muchos cristianos creen que la Biblia guarda silencio ante el maltrato femenino y que sólo se pronuncia cuando la mujer usurpa alguna función que no le corresponde. Pero esto no es verdad; la Biblia considera una falta grave cuando el hombre quiere ejecutar su liderazgo como cabeza de forma tirana, áspera e injusta con su esposa. La Biblia no es un libro machista, ella condena este tipo de comportamiento con graves consecuencias, que todo hombre sensato debe atender diligentemente. Por ejemplo, nuestro pasaje de I Pedro 3:7 es una muestra de ello. Ya nos hemos referido anteriormente a la consecuencia que nuestras oraciones tengan estorbo.

La honra constante también apunta al hecho de respetar a nuestra esposa en todo y ante todos. Este no es un asunto de estética social o de conveniencia personal; debemos darle el honor que ella merece siempre. Por esto, el apóstol Pedro hace un fuerte llamado de atención a los hombres casados en cuanto al trato que deben procurar hacia sus mujeres. La razón es porque este es un asunto serio, y según Alexander Strauch, "Dios se toma muy enserio el honor que le da un marido a su esposa... Un esposo no puede tratar a su esposa con dureza o ser negligente en el cuidado de ella y al mismo tiempo creer que es un hombre espiritual... Dios no responderá a un esposo hipócrita que ora de manera elocuente frente a la iglesia pero trata de manera cruel a su mujer en la casa."[58] Así que, si deseamos mantener una palabra en mente que nos recuerde el compromiso de honrar a nuestra esposa, esa palabra es "cuidado" porque eso debemos hacer con ella. La esposa es la primera oveja que debemos atender, y como tal, debemos mostrarle un trato delicado, protegiéndola de las calumnias, los peligros y las falsas doctrinas. Hacer todo esto es honrar la función que

Dios le ha concedido a ella, y en hacerlo, honramos el orden divino en el matrimonio.

Provisión Integral *(I Timoteo 5:8).* El cuarto componente se refiere al compromiso del esposo de proveer para los suyos. Aunque nuestro pasaje tiene como contexto el cuidado para las viudas en la iglesia, el principio implicado aquí tiene profundo significado para la vida cristiana en general. Por ejemplo, piense en la cantidad de hombres que han abandonado su responsabilidad dada por Dios de ser el proveedor principal de su esposa e hijos; y ante tal abandono, la esposa ha tenido que asumir de alguna forma esta función. Este solo es uno de los escenarios que nos lleva a considerar este pasaje. Pero ¿a qué se refiere exactamente la palabra *provisión*? Nótese que el apóstol Pablo ha utilizado el término griego *pronoeō* (gr. προνοέω)[59] cuyo significado incluye *pensar de antemano, procurar diligentemente, velar constantemente*. Entonces, la provisión no está limitada a colmar a la esposa de cosas; más bien, tiene que ver con la actitud de mantenerla a ella y a sus necesidades en *prioridad*. Existe una serie de compromisos que un hombre casado tendrá que enfrentar, pero siempre debe colocar en primera instancia a su esposa.

Es muy probable que algunos esposos cristianos estén pensando que ellos cumplen con este componente por el hecho de proveer algo para su esposa. Pero no basta con proveer; recuerde que, si no es integral, no es provisión. ¿Qué incluye el paquete de la provisión integral? Podemos señalar tres grupos básicos de necesidades: *espirituales, relacionales y materiales.* En el primer grupo, el esposo debe proveer un ambiente adecuado para que su esposa crezca en el conocimiento de Dios y camine hacia la madurez en Cristo. Para una esposa cristiana debería ser un beneficio poder tener el apoyo de un hombre de Dios en el camino de la fe, alguien que la instruya, exhorte, aliente y conduzca en el evangelio. Y esa provisión no tendría que venir en primera instancia del pastor de la iglesia o el líder de algún ministerio; ese hombre de Dios debe ser el esposo. En el segundo grupo, debería proveer tiempo de calidad para atender a su esposa y cultivar su relación de pareja; nada debería ocupar tanto tiempo en su agenda que no le quede algo para su esposa. Incluso, el ministerio no puede ser un obstáculo para velar por ella. Nunca cometa el error de pensar que una agenda ministerial llena de actividades significa tener un ministerio completo, pues no lo es; lo que usted realmente tiene es un *ministerio repleto* de compromisos que le impiden proveer a su esposa el tiempo y cuidado adecuados que ella merece.

En el tercer grupo, se incluye generalmente lo que todos conocemos (alimentación, ropa, calzado, salud, entre otros). Sin embargo, erróneamente se enfoca este componente solo a este tercer grupo y se ignoran los dos anteriores. Por supuesto que es importante proveer para las necesidades materiales, pero nuestra esposa no sólo es un cuerpo, es una persona integral y por lo tanto sus necesidades también son integrales. ¿Qué sucede si no provee en forma integral? El apóstol Pablo responde a esta pregunta diciendo que si alguien no provee, es peor que un incrédulo. Él se refiere a volvernos hombres impíos, una categoría deshonrosa para alguien que tiene a Cristo como cabeza. Faltar a la función de provisión está íntimamente relacionado al testimonio cristiano. El apóstol Pablo dice que quien no provea "ha negado la fe" utilizando un verbo en tiempo perfecto que indica una acción que ocurrió en el pasado con los resultados continuando hasta el presente. Así que cuando un esposo cristiano no provee, solo muestra un síntoma del verdadero problema: muestra una fe que no corresponde a "la fe" una vez dada a los santos, y en consecuencia, no está honrando la enseñanza de Cristo, aquél que en el orden divino es su cabeza.

III. El Rol Femenino: Ayuda Idónea

Existe claridad bíblica respecto a que la mujer cumple el rol de ayuda en el orden que Dios ha establecido; fue un deseo y una decisión propia de Dios desde el principio, al decir: "No es bueno que el hombre esté solo; le haré *ayuda idónea* para él" (Génesis 2:18). Bastaría este argumento de que Dios deseó y decidió que la mujer ocupara el rol que posee para aceptarlo y vivirlo. Lamentablemente, la sociedad siempre ha mostrado un comportamiento opuesto al orden divino por su condición caída. Pero mucho cuidado con pensar que ser ayuda idónea es una idea que vino con la caída; este rol fue diseñado por Dios para que la mujer complementara al hombre en su perfección, pues sin ella, él estaba incompleto. La importancia de entender esto hará la diferencia entre la perspectiva bíblica y cualquier perspectiva errada. Dios formó a la mujer del hombre (Génesis 2:22; I Corintios 11:8-9) para completarlo a él y no para competir con él. Por supuesto que el rol de ayuda idónea no es algo que históricamente las mujeres hayan cumplido en su totalidad, incluso en la Biblia se nos ofrece una variedad de ejemplos al respecto, lo cual indica que no existe una sola mujer que lo haya hecho bien todas las veces, comenzando por Eva (Eclesiastés 7:20). Toda mujer ayuda a su esposo, pero no siempre idóneamente como Dios espera; por tanto, la esposa cristiana tiene en esto un verdadero e importante desafío.

A diferencia de lo que muchos piensan, la prioridad de la mujer casada después del Señor es su esposo. Esto se entiende desde la esencia del término "ayuda idónea" en el contexto bíblico. Primero, debemos decir que *ayuda* (ézer, heb. עֵזֶר)[60] no debe entenderse como mero asistencialismo en una tarea que podría hacerse sin ayuda; más bien, implica una *fuerza indispensable*; por ejemplo, la que proviene de un ejército sin la cual la batalla está perdida. Ese rol cumple la esposa en la pareja; ella pone todos sus talentos, habilidades, recursos, y energía a disposición de su esposo para el bien de ambos y para ayudar a su esposo a cumplir el mandato que el Señor le ha dado. Segundo, debemos decir que *idónea* (négued, ar. נֶגֶד)[61] no comunica toda la fuerza del término en sentido original, pues literalmente debería decir *como su opuesto*. En su contexto, la idea que se transmite es la de complemento y no la de competencia; así pues, el hombre no está completo hasta unirse con su mujer. El calificativo de idónea debería entenderse bajo la premisa de mutua necesidad que existe entre la cabeza idónea y la ayuda idónea, ambos roles ordenados por Dios. En los siguientes apartados, notaremos en forma breve pero concisa, una serie de pasajes bíblicos que nos ayudan a formular una lista elemental de los componentes básicos que están incluidos en el rol bíblico de ser ayuda idónea.

Sujeción Funcional *(Colosenses 3:18)*. El primer componente es una respuesta natural de la esposa a la mutua sujeción que compete a ambos. La esposa cristiana no debe ver esto como subyugación, sino como una expresión de su sometimiento a Cristo. La idea que la sujeción desvaloriza a la mujer viene de la perspectiva errada de *posiciones* que es contraria a la perspectiva bíblica pactual de *funciones*. Claramente notamos en la Biblia que la mujer tiene el mismo valor que el hombre, pero no el mismo rol. Así que, competir por ser la cabeza no sólo sería un error, sino un pecado. En la sociedad postmoderna, la motivación femenina de luchar con el hombre por ser cabeza viene precisamente por el vacío que la sociedad falsamente ha creado en su mente; pero esto no es realidad. Ella no necesita ser cabeza para sentirse plena; al contrario, en la búsqueda infructuosa de llegar a ser cabeza, abandona lo que trae plenitud genuina a la mujer. El llamado de Dios para la esposa cristiana puede resumirse en lo que he llamado las "tres A de la sujeción" y me refiero a *afirmar, aceptar, y alimentar* el liderazgo de su esposo como cabeza en el matrimonio. Así como el esposo afirma a su esposa con palabras y acciones de honra, ella debe *afirmar* con respeto la función de su esposo como cabeza. También debe *aceptar* piadosamente el liderazgo de su esposo, no resistiendo sino deleitándose con obediencia en sus funciones. Además, debe *nutrir* el liderazgo de su esposo entregando sin reserva lo que sea necesario para que el matrimonio glorifique a Dios y les honre a ambos.

La sujeción funcional de la esposa debe ser entendida como tal, una sujeción por causa de su función divina; por tanto, el esposo es único para ella.

Dios no llama a una esposa a someterse a todos los hombres; de ninguna manera. Este componente se refiere solo a su propio esposo (Efesios 5:22; Tito 2:5; I Pedro 3:1, 5). Además, la sumisión al esposo no es absoluta. El apóstol Pablo señala en Colosenses 3:18 que debe hacerlo "como conviene en el Señor." Para la esposa, Cristo es su máxima autoridad, al igual que para su esposo. Cuando el esposo es obediente a Cristo y se sacrifica como Él, ambos prosperarán en la vida matrimonial mientras ella lo afirma, lo acepta y lo nutre como un hombre que nunca podría ser mejor sin ella. Pero ¿Qué es lo que no significa sujeción? Podrían señalarse al menos tres cosas. Primero, no significa *falta de iniciativa*. Frente a la toma de decisiones, ella no sólo cierra los ojos y acepta todo lo que el esposo hace; más bien, la esposa debe ser la primera y mejor consejera para él en toda circunstancia. Segundo, no significa una *obediencia ciega*. Frente a una petición de su esposo que contradice la voluntad de Dios revelada en la Biblia, la esposa tiene la obligación de desobedecer a su esposo porque en tales casos "Es necesario obedecer a Dios antes que a los hombres" (Hechos 5:29). Tercero, no significa *tolerancia del pecado*. Frente a la comisión de pecado de su esposo, ella debe corregirle como hermanos en Cristo. La esposa no debe tolerar el pecado del esposo, más bien, debe acudir al consejo bíblico para restaurar a su esposo (Mateo 18:15) y evitar la vergüenza pública que luego dañará la imagen de ambos. Una esposa que no discierne el pecado de su esposo o lo tolera, no es una ayuda idónea para él.

Respeto Constante *(Efesios 5:33).* Este segundo componente se refiere a que la esposa cristiana tiene el deber de ofrecer respeto físico, moral y verbal en todo tiempo y bajo cualquier circunstancia a su esposo. La razón fundamental es porque cuando respeta a su cabeza, lo hace también con Dios y Cristo, respectivamente. Pero ¿qué es exactamente lo que Dios pide a la esposa en el llamado a respetar a su esposo? El apóstol Pablo utiliza en la palabra "respeto" el termino griego *fobéo* (gr. φοβέω)[62] que significa *veneración, un asombro de reverencia*. Con esto descartamos que esta frase denote terror e inseguridad, sino fe y reverencia, tal como son entendidas en el pensamiento del Antiguo Testamento, por ejemplo, cuando leemos que "El principio de la sabiduría es el temor de Jehová" (Proverbios 9:10). En consecuencia, la esposa debe "reverenciar" a su marido en el sentido de respetarlo como cabeza del hogar, y de apegarse a él en fe, sabiendo que él ha hecho a un lado "a todas las demás" por unirse en pacto con ella. Al respecto, uno de los padres de la iglesia, Juan Crisóstomo, expresó el significado de este versículo con las siguientes palabras: "¿Y cuál es la naturaleza de este temor? Significa que ella no te contradiga, o que se coloque a sí misma contra ti, o que ame la preeminencia; si el temor gobierna hasta este punto, basta. Pero si tú la amas, como se te ordena que lo hagas… lograrás esto ya no por temor, sino que el amor mismo tendrá su efecto."[63]

Ahora bien, asignar el calificativo de "constante" a este respeto se debe al contexto que enfrenta el matrimonio hoy, tanto como lo ha enfrentado en el pasado. Debemos entender que la postmodernidad ha acelerado una revolución moral que tuvo como antecedente la revolución feminista que surgió durante los años 1960's y que ha ocasionado grandes daños a la sociedad. Pero como sabemos, estos daños también han impactado a la Iglesia hasta el punto que la falta de sujeción de la mujer se ha vuelto endémico; esto se nota en la creciente tendencia de congregaciones que dejan la dirección y liderazgo de la iglesia en manos de mujeres en vez de hombres, como Dios lo ha ordenado. En forma específica, el matrimonio también es un campo práctico donde la esposa debe mostrar respeto y no hay forma más idónea de hacerlo que respetando el orden divino establecido. Conviene recordar que el carácter de veneración y reverencia que tiene el respeto es por causa del *destinatario final* de este respeto y es Dios mismo. Cuando la esposa cristiana respeta a su esposo ante todo y ante todos, lo hace para con Dios. En definitiva, el respeto constante debe ser entendido como un recurso de provecho para el desarrollo espiritual de la esposa puesto que le ayuda a trabajar su carácter y le permite volverse una genuina sierva del verdadero Señor de la casa; aquél que es honrado cuando cumple este llamado.

Ejemplo Conductual *(I Pedro 3:1-2).* El tercer componente se refiere al recurso más potente de influencia que posee una esposa cristiana y es su propio ejemplo. Ella debe mantener una vida de piedad que estimule también a su esposo. La palabra que merece nuestra atención en este pasaje es "conducta" (*anastrofé*, gr. ἀναστροφή)[64] que significa *manera de ser, estilo de vida, comportamiento personal.* La esposa cristiana ha recibido un insumo que le permite cumplir su rol sin excusa incluso ante el más difícil de los panoramas, es decir, cuando su esposo no sea cristiano y se oponga al orden bíblico. Para ello, la estrategia de Dios es utilizar el estilo de vida de la esposa para ganar al esposo. La pregunta que esto supone es ¿cómo debe ser tal conducta para que cause los efectos que se esperan? El apóstol Pedro ha respondido nuestra pregunta en el versículo 2 al indicar que tal conducta debe ser "casta y respetuosa." Esto significa que la manera de ser de la esposa es el instrumento que Dios utilizará para trabajar en el corazón de un esposo, no sólo incrédulo sino los creyentes también, pues siendo creyente con más razón debería armonizar los roles que ambos conocen en la Escritura. Por tanto, la gritería y la rebeldía son caminos opuestos a la castidad y respeto que una esposa cristiana debe mostrar.

Es cierto que las mujeres no son perfectas, y tampoco lo llegan a ser cuando se casan; sin embargo, aunque una esposa no sea ejemplo en todas las áreas, bíblicamente lo debería ser en su conducta. Esta es un área que particularmente debe pulir haciendo uso de la gracia de Dios para lograrlo. El motivo de tal exigencia bíblica radica en la conexión que existe entre su conducta y el *testimonio cristiano*. Sería una contradicción que la esposa trate de predicar a Cristo con sus palabras si no lo está haciendo con su conducta. Todo lo que ella diga debe armonizar con lo que ella hace. En el campo práctico, la conducta de la esposa debe reflejarse en su prudencia al hablar; debe ser sabia con sus expresiones, sobre todo cuando se dirige a su esposo. Aun frente a la crisis y las diferencias, debe saber medir sus palabras para edificar y no para destruir (Proverbios 15:1). La manera de vestirse es otro aspecto incluido en la castidad que se le pide a la esposa cristiana; ella es la dama de la casa, y como tal, debe vestirse siempre con pudor. Su apariencia en público siempre debe ser honrosa y no provocativa. La degradación cultural ha llevado a la deshonra en el vestuario; hoy día el uso de escotes, ropa ajustada y diseños provocativos son normales para la mujer postmoderna, pero nunca deberían serlo para la mujer cristiana (I Timoteo 2:9-10). La virtud y belleza de la esposa en su conducta es un asunto esencial que la dignifica a ella, honra a su cabeza y glorifica a Dios.

Conclusión

Hemos considerado el orden como el quinto fundamento de un matrimonio bíblico. La enseñanza central de este fundamento es la mutua sujeción; tanto el hombre como la mujer son llamados a respetar el orden establecido por Dios para el matrimonio, y no hay forma más adecuada de hacerlo que asumir el rol que se le otorgó a cada uno. El hombre es una cabeza idónea que ha sido puesta para plantar y cuidar los valores del reino de Dios en el matrimonio. Por lo tanto, aunque resulte incómodo para la sociedad o difícil para su esposa ejercer su rol bíblico, debe hacerlo por causa de su cabeza que es Cristo. Nunca debería tomar una actitud pusilánime, aunque deba enfrentar a una esposa difícil; nunca debe ceder ante el cansancio, el desánimo y mucho menos renunciar al ejercicio de su función de esposo. Su pasividad puede ser una tentación para su esposa a tomar el rol de cabeza que al esposo le corresponde; y más grave aún, el mandato bíblico a ser cabeza no cambia por que usted no lo esté cumpliendo. Por su parte, la esposa cristiana no debe subestimar el mandato bíblico a la sujeción incluso en aspectos que no está considerando; por ejemplo, una actitud de desprecio, un constante irrespeto, no honrando acuerdos previamente establecidos, no rindiendo cuentas y tomando decisiones importantes sin consultarlas con su esposo, entre otras. Por tanto, concluimos este apartado señalando que un hombre o una mujer que está fuera del rol establecido por Dios no podrán servir adecuadamente a Él, aunque haga muchas cosas para Él. ¿Sabe por qué? Dios desconoce cualquier clase de matrimonio que no sea el que ha establecido. Él no satisface nuestros caprichos ni respalda nuestros argumentos; Él honra su propia Palabra. Por ello, la pareja debe someterse mutuamente al Señor y disfrutar el orden divino para ambos.

Preguntas de Estudio – Capítulo 6

Responda lo que se le indica en cada pregunta.
1. ¿Cuál es el rol *masculino* y el rol *femenino,* según las bases bíblicas presentadas?
2. Mencione los *cuatro componentes* señalados y que definen el rol de ser cabeza en el matrimonio.
3. Según el autor, ¿Cuáles son los *tres componentes* que definen el rol bíblico de la mujer en el matrimonio cristiano?
4. ¿Cuáles son las *"tres A de la sujeción"* con las cuales el autor ha resumido el llamado de Dios para la esposa cristiana?

Responda "Falso" o "Verdadero", según corresponda.
5. Cuando un orden anti-bíblico para el matrimonio adquiere *legalidad* a través de los gobiernos, eso lo convierte en legítimo, aunque sea contrario a la ordenanza bíblica.

6. La disonancia cristiana en cuanto al matrimonio, se debe a la errada perspectiva de *posiciones* por encima de la perspectiva bíblica de *funciones*.

7. El matrimonio esencialmente no tiene el propósito que seamos felices, sino santos; pero la *vida de santidad* producirá la felicidad que la pareja necesita.

8. Cuando el matrimonio ha perdido el *equilibro funcional* por la pasividad del esposo, la mujer debe respetar la actitud del esposo, asumir su rol y volverse la cabeza del hogar.

Reflexione con base al estudio de este capítulo.

9. ¿Está de acuerdo con las tres cosas, que según el autor, *no significa* la sujeción de la esposa? Explique los daños que esto causa cuando no se toma en cuenta. ¿Lo ha vivido?

10. Según su opinión, ¿cómo están cumpliendo los matrimonios cristianos el fundamento del *Orden* en la actualidad? ¿Qué sugerencias ofrece para mejorar? Comente.

7

EL ESPOSO:
Una Figura de
Masculinidad Bíblica

Introducción

Indiscutiblemente, la pregunta obligatoria con la que debe iniciar todo buen esfuerzo de rescatar el rol bíblico del hombre es: *¿Qué significa ser hombre?* La respuesta a esta pregunta no sólo posee un alto grado de importancia, sino que además tiene un alto impacto personal, cultural y eclesiástico. En los capítulos anteriores hemos considerado cinco fundamentos que permiten tener un matrimonio bíblico; sin embargo, cada uno de esos fundamentos solamente son útiles si los esposos cumplen el papel que Dios les ha asignado en el pacto matrimonial. Las diferencias de género son fundamentales para nuestra humanidad; por ejemplo, la procreación depende de la distinción sexual, es decir, el hombre tiene un tipo de cuerpo y la mujer tiene otro. Cuando damos un vistazo a la historia moderna notamos que estos hechos de la vida no fueron cuestionados durante generaciones, pero en la actualidad ha incrementado el sentido de duda respecto a la idea misma del género como algo dado; muchas personas creen que la identidad personal es un asunto de autocomprensión psicológica que no tiene vinculación con la anatomía y con los cromosomas humanos. Lamentablemente esto no sólo es una voz popular sino que también emana del ámbito académico, y muy penosamente, de algunos círculos cristianos. Por tanto, la iglesia no puede callar, debe alzar la voz y pronunciarse.

Los estereotipos de una errada masculinidad han abundado en la actual postmodernidad; algunos son la expresión del impacto que han tenido algunas prácticas polémicas en cuanto a los roles de hombres y mujeres. Por ejemplo, la mal llamada *ascensión femenina* que trata de comunicar la idea de una conquista de poder que las mujeres han logrado y no están dispuestas a perderla. Para entender este estereotipo es necesario recordar que en generaciones pasadas las expectativas para los hombres y las mujeres estaban firmemente incrustadas en el tejido cultural, en otras palabras, los hombres eran vistos bajo un perfil más agresivo y menos emocionalista. La figura cultural del hombre estaba definida como el principal sostén de la familia en sus hogares, enfocado en su profesión. Era él quien iniciaba las relaciones con la mujer y sentía que eso era lo que se esperaba que hiciera. Pero no es un secreto para nadie que los tiempos han cambiado y esa figura masculina se vino al suelo en la postmodernidad. La sociedad actual a nivel mundial nos presenta a la mujer en una ascensión de poder desempeñando papeles prominentes en diversos ámbitos de la vida. Ahora es frecuente ver a mujeres como directores ejecutivos y empresariales; pero eso no es todo. Las mujeres son alentadas por la sociedad a ascender no sólo en la escala corporativa, sino en una rampa de oportunidades laborales, creación de familias y ambiciones personales. Pero ¿cuál es el mensaje que trata de entregarnos esta ascensión femenina? Claramente la sociedad nos quiere hacer creer que la masculinidad que por mucho tiempo se defendió y se enseñó era errónea.

Pero, aunque esto le parezca alarmante, la lista de estereotipos no acaba ahí. Otro que está haciendo mucho daño a la verdadera masculinidad es la *adolescencia sostenida*, una temporada de adolescencia prolongada donde los hombres ya no quieren salir de casa y establecer una familia. Sin duda, habrá notado este síntoma de nuestra realidad actual. El argumento de esta forma de vida es que las nuevas generaciones de hombres creen que no hay necesidad de molestarse con una esposa y un trabajo si pueden vivir en algún espacio vacío de la casa de sus padres, disfrutar de video-juegos todos los días y festejar cada fin de semana; y si eso fuera poco, vivir confiados que todas sus comidas serán cocinadas y sus hijos estarán bien vigilados ¡por su mamá! Esa es la visión de hombre que la sociedad actual está produciendo y lo más dañino es que se ofrece como una opción a seguir; sin embargo, el hecho que los casos de adolescencia sostenida sigan en aumento no significa que esto sea bueno, ni mucho menos bíblico. Debemos remitirnos a la Biblia y notaremos que este modelo de libertinaje, dependencia y ociosidad no es el modelo de la masculinidad bíblica que Dios ha pensado y diseñado para el hombre.

El propósito de señalar de manera introductoria estos estereotipos culturales es ilustrar lo difícil que resulta en nuestra cultura actual responder a nuestra

pregunta inicial: *¿Qué significa ser hombre?* Sin embargo, nuestro principal cometido será dar respuesta a esta y otras preguntas a la luz de las Escrituras. Ellas no sólo son suficientes para hablar de
oración, fe y salvación; también lo son para hablar-
nos de otros aspectos de la vida como el género y
todo lo que somos como seres creados; ellas son suficientes y autoritativas (II Timoteo 3:16-17). Por ello,
nuestro acercamiento a la Biblia no será para buscar
la afirmación o reivindicación de lo que ya hemos
pensado, sino para aprender de lo que Dios dice
realmente, y cuando sea necesario, ser reformados y
refinados por esa Palabra en nuestra comprensión
del hermoso rol que Dios le concedió a los hombres.

I. La Masculinidad en la Teología Bíblica

El hombre siempre ha querido formular su propia
opinión sobre la masculinidad pero lo ha hecho de
forma errada pues ha producido un criterio de espaldas a Dios. Así pues, ahora se habla de una *ideología de género* que es un sistema de ideas que trata
de definir al ser humano. Pero la iglesia de Cristo, el
pueblo del pacto, no debe responder sobre una base
ideológica sino teológica, pues un buen entendimiento del rol bíblico del hombre no debe iniciar de
otra forma sino estableciendo una *teología bíblica del
género*; pero como esto sería un tratamiento demasiado amplio, en este apartado solo haremos una revisión breve pero concisa a las cuatro etapas de la
historia redentiva (la creación, la caída, la redención
y la glorificación). Estas cuatro etapas también son
llamadas "las 4 C`s de la historia de redención"[65]
como una forma pedagógica de recordarlas por medio de la asignación de una palabra iniciada con "C"

para cada etapa (creación, caída, cristo, cielo). Así que, a continuación, haremos una exploración básica de lo que significa ser creado hombre en la historia bíblica, que es la historia de los elegidos que fueron creados, que cayeron, que han sido redimidos y al final de esa historia, serán glorificados.

1. *Creación*. Nuestra consideración debe iniciar aquí porque el orden de la creación es fundamental para entender la masculinidad y su rol asignado. Para ello, el capítulo 1 y el capítulo 2 de Génesis son insumos esenciales. Nuestro acercamiento a Génesis 1 ofrece la seguridad que Dios es el origen de la humanidad; a pesar que no existía necesidad en Él para crear al hombre, lo hizo para su gloria y trajo deleite a su corazón (1:31). Su deseo en el acto creativo se consumó al crearnos hombre y mujer, así que, el capítulo 1 del libro de Génesis refleja que la masculinidad y feminidad humanas son idea suya, y por tanto, reflejan la belleza del diseño divino en la creación humana. Si notamos el pasaje de Génesis 1:26 que dice "Entonces dijo Dios: Hagamos al hombre a nuestra imagen, conforme a nuestra semejanza" veremos que la Biblia no comienza con las diferencias entre los hombres y las mujeres, sino con una verdad fundacional de toda la humanidad: hombres y mujeres son creados a imagen de Dios. Pero, ¿qué significa ser creados a imagen de Dios? A continuación, reflexionaremos en tres aspectos que Mark Dever[66] ofrece para ayudarnos a definir esta idea y entenderla con relación al rol masculino.

Primero, el aspecto *estructural* (quiénes somos). En el versículo 26 notamos que somos seres "según la semejanza" de Dios, es decir, no somos como los animales porque cada persona tiene un alma. El hombre es creado para ser racional, puede pensar; es volitivo, toma decisiones; es moral, puede discriminar. Por supuesto que no somos exactamente como Dios, pero nos creó semejantes porque él es una persona y nosotros somos personas también. Segundo, el aspecto *funcional* (lo que debemos hacer). El versículo 26 sigue diciendo: "señoree" y el versículo 28 añade: "Y Dios les dijo: Fructificad y multiplicaos; llenad la tierra, y sojuzgadla, y señoread." Merece nuestra atención el hecho que poseer semejanza con Dios supone que actuamos como representantes de Dios. Adán y Eva eran precisamente eso, cuidando de su lugar perfecto bajo su gobierno perfecto. Ellos debían hacer la voluntad de Dios ante todo. Tercero, el aspecto *relacional* (la manera de funcionar). En el Versículo 27 se nos dice: "Varón y hembra los creó" y en el capítulo 2 se confirma que no era bueno para el hombre estar solo. Dios es un Dios relacional, él existe como tres personas en perfecto amor y armonía. Así mismo, Adán y Eva, y ahora nosotros, existimos a su imagen para relacionarnos con Dios y con nuestros semejantes. Se nota una distinción de roles en términos de complementariedad.

El capítulo 2 de Génesis ofrece una visión específica; particularmente el sexto día de la creación contiene elementos esenciales (Génesis 2:15; 18-24). Durante nuestro estudio hemos mantenido consistente y bíblicamente una perspectiva pactual del matrimonio. Tal perspectiva muestra que el hombre debe ciertamente ver a la mujer como su igual, pero también debe observar que Dios hizo a uno la cabeza idónea y al otro su ayuda idónea. ¿Cómo llegamos a tal conclusión? En Génesis 2 vemos que Dios puso al hombre primero en el huerto (antes que Eva fuera creada); también notamos que Dios encargó primero al hombre para que trabajara en el huerto y lo cuidara; además, Dios le da al hombre la autoridad para nombrar a los animales. Enseguida, vemos que Dios creó a la mujer después del hombre y literalmente del hombre. Dios le concede a Adán la autoridad de nombrar a su esposa que fue creada con el propósito de ser una ayuda idónea para el hombre (2:18). ¿A qué nos conduce todo esto?[67] La diferencia en el rol no equivale a la diferencia de estatus, valor, importancia o dignidad. La Biblia muestra cómo Dios a veces ayuda a su pueblo, pero eso no significa que sea menor que su pueblo. Así mismo, la mujer es creada como una ayuda, pero eso no significa que es inferior al hombre. El rol y el valor no es lo mismo y eso quedó explicado en el ejemplo de la Trinidad.

2. *Caída*. La desobediencia de Adán y Eva les condujeron a una situación trágica; Dios los castigó maldiciendo a la creación. Quienes apoyan el *igualitarismo*[68] sostienen que el pecado introdujo una jerarquía ilegítima en el orden creado por Dios en la relación entre la mujer y el hombre. Consideran que Génesis 3:16 es una maldición sobre la mujer y que la frase "tu deseo será" no transmite un amor puro e inocente, sino un deseo de usurpar la autoridad y el control, y en consecuencia, su deseo será "en contra" de su esposo. Así que, los igualitaristas sugieren que la relación de igualdad que Dios pretende en la creación está ahora contaminada por la presencia de una tendencia jerárquica pecaminosa y perjudicial. Pero ¿cuál es el sentido de este importante pasaje? Debe-

mos entender que efectivamente el pecado introducido en el diseño creado por Dios perturbó las relaciones apropiadas entre el hombre y la mujer. Por ello, la mujer tendría un deseo de usurpar la autoridad dada al hombre por diseño; y por su parte, el hombre gobernaría a la mujer en forma erróneamente pasiva o injustamente abusiva. Sin embargo, la caída que relata el capítulo 3 de Génesis no presenta la introducción de nuevos roles sino la distorsión de los roles originales. Esta es la forma adecuada de ver este pasaje y nos lleva a concluir que el hombre todavía muestra la imagen de Dios, pero lo hace de manera imperfecta.

La condición depravada y caída de este mundo es un reflejo de la maldición que recibió la creación por causa del pecado; los efectos de ese acontecimiento trajeron confusión en la forma de entender y vivir los roles establecidos por Dios. Por ello, Joselo Mercado indica que "Cristo no vino solo para evitar que algunas personas se fueran al infierno. Parte de Su misión fue darle marcha atrás a los efectos de la caída en los seres humanos hasta que Él vuelva y todo sea restaurado. Una de las formas en las que el evangelio restaura en el presente es permitiendo que las relaciones rotas puedan ser restauradas."[69] El resultado del pecado fue desorden, desorientación, deseos engañosos, y la creación gime hasta hoy en espera de la redención (Romanos 8:22-23). Así que, las frecuentes marchas y protestas de hombres que están convencidos de que en el fondo son mujeres o viceversa, ciertamente deben entristecernos, pero no sorprendernos. El cristiano debe equiparse para responder a través del evangelio (I Pedro 3:15) y aunque los efectos de la caída se han extendido, la caída no es el final de la historia de redención.

3. *Redención*. Si bien la Biblia muestra que el primer Adán cayó, también nos presenta a Cristo como el segundo Adán, el hombre nuevo y perfecto. Él es la imagen de Dios en el sentido más verdadero y pleno (Colosenses 1:15). Por medio del arrepentimiento y la fe en su sacrificio los creyentes están unidos a Cristo, y como resultado, podemos vestirnos del nuevo ser, "creado según Dios en la justicia y santidad de la verdad" (Efesios 4:24). Cuando Jesús muere y resucita, conquista el poder del pecado y la muerte; de ahí que, seamos conducidos a un nuevo y mejor Edén, donde viviremos nuestra masculinidad perfectamente. Por tanto, también es crucial lo que el Nuevo Testamento dice acerca de los hombres y nuestros roles. En particular, las primeras palabras del Padre Nuestro reflejan un modelo del carácter que todo hombre debe imitar (Mateo 6:9-10). En ellas tenemos evidencia que un hombre conforme al corazón de Dios siempre buscará por sobre todo la voluntad de Dios; su mayor anhelo será que el nombre de Dios sea santificado, es decir, no mezclarlo en cualquier otra categoría y ponerlo en preeminencia.

Sin duda, un principio fundamental que aprendemos tanto los hombres como las mujeres es que somos herederos de la redención, miembros del cuerpo de Cristo, y llenos del Espíritu Santo (Gálatas 3:28). En la iglesia de Cristo, los hombres y las mujeres se sirven entre sí, son compañeros en la fe. Posiblemente los igualitaristas tomarán esto y dirán que, entonces no hay distinción legítima en el reino de

Dios, entre hombre y mujer. Pero como lo señalamos en el capítulo anterior, la sumisión mutua es la regla de orden para el hogar y la iglesia. La Biblia muestra que la obra redentora de Cristo no elimina las distinciones de los roles originales, sino que las redime. Por supuesto que el hombre y la mujer son ahora uno en Cristo, pero el apóstol Pablo enseña en Efesios 5 que en el nuevo pacto, los hombres deben conducir a sus esposas por medio del amor sacrificial y las mujeres deben someterse a su esposo. Además, el apóstol Pablo en el capítulo 2 de la primera epístola a Timoteo, nos deja ver que en la comunidad cristiana, el liderazgo masculino que ha experimentado la redención, no oprime, sino que bendice. Así mismo, la Iglesia actual es bendecida, a medida que hombres y mujeres se esfuerzan por expresar su humanidad común de acuerdo con el diseño original.

4. *Glorificación*. Es natural el deseo de saber lo que ocurrirá cuando lleguemos al final de la historia, cuando Cristo vuelva y los creyentes moren en los nuevos cielos y la nueva tierra. Gracias a Dios en la Biblia se describe claramente ese día como un día de nueva creación (Romanos 8:21). El matrimonio será una de las cosas que ya no será como lo conocemos hoy (Lucas 20:34-36); allá todos los redimidos juntos seremos la Esposa de Cristo en gozosa sumisión a Él. Además, la masculinidad que Dios nos dio en la creación original, seguirá siendo así en la nueva creación. El apóstol Pablo enseña que todos recibiremos cuerpos glorificados, es decir, superiores a nuestros frágiles cuerpos terrenales; pero habrá continuidad en la identidad, como una semilla que se convierte en planta (I Corintios 15:37). De esta forma, aunque recibiremos un cuerpo nuevo y mejor, seguiremos siendo nosotros, incluyendo la masculinidad. También dice que llevaremos perfectamente la imagen de Cristo en aquel día (I Corintios 15:49). ¿Qué significa esto? Dios creó originalmente a hombres y mujeres a su imagen y eso es lo que continuaremos siendo en el cielo, pero entonces su imagen ya no estará distorsionada en nosotros. La gloria de ese día será que la maldición de Edén será totalmente deshecha; ya no habrá conflicto ni tensión entre hombres y mujeres por los roles originales.

Como vemos, la historia de la redención es un pilar fundamental en el entendimiento de la masculinidad; estas verdades deben animar a los hombres a mantener su mirada puesta en el final de la historia mientras pasamos por esta etapa actual. No debemos olvidar que Dios, en su infinita sabiduría, nos ha hecho hombres, pero no debemos cometer el error de pensar que podemos ganar o merecer nuestra salvación por ser hombres perfectos; la perfección ciertamente es la meta a la que apunta nuestra vida cristiana pero no la alcanzaremos sino hasta en la glorificación. Esta breve reflexión teológica sobre la masculinidad bíblica confirma que todos los hombres hemos fallado en esa prueba de perfección; salimos reprobados en el primer Adán que nos representó. Por ahora, no somos hombres perfectos, sólo hombres redimidos. Por tanto, debemos confiar en Cristo, el Hombre Perfecto que por su muerte hizo posible nuestra adopción en la familia de Dios; su Espíritu Santo nos sostiene para llegar al gran día final en que viviremos nuestra masculinidad perfectamente tal como Dios desea (I Corintios 15:21-22).

II. Necesidad de una Masculinidad Bíblica

Si en algo estamos de acuerdo los cristianos conservadores frente a la postmodernidad es que una de las grandes necesidades que afronta la iglesia actualmente es enseñar sobre la masculinidad bíblica, es decir, lo que realmente es un hombre según la Biblia. Algo que debe caracterizarnos como iglesias fieles a la Palabra de Dios es el deseo de regresar a las Escrituras y es urgente regresar a ellas en estos tiempos en que existe mucha confusión para definir la verdadera masculinidad. En la sección anterior vimos que la masculinidad no es solo un asunto biológico, y no es algo que escogemos, es parte del diseño de Dios para nuestras vidas. La Biblia muestra que cuando Dios creo a la humanidad estableció dos sexos: *Hombre y Mujer*, que aunque son iguales en valor, son distintos en diseño y roles. Debemos reconocer que "Dios le dio a Adán y Eva características diferentes... El punto es simplemente que ambos reflejan diferentes aspectos de Dios en la tierra. Ambos llevan la imagen de Dios, aunque reflejan a Dios de diferentes maneras."[70] Así que, nuestra definición de lo que es realmente un hombre no debemos buscarla fuera de Dios, pues Él ha definido qué es un hombre, qué hace un hombre y cómo debe comportarse un hombre. Este no es un asunto que deba descubrirse, tampoco es un asunto de preferencias; se trata de obedecer al diseño establecido por Dios para el hombre.

Así que, para los cristianos en la actualidad, reconocer la necesidad de una masculinidad bíblica inicia con el compromiso de responder adecuadamente quién es un hombre o qué es la verdadera masculinidad. ¿Cómo definimos lo que es un hombre? La definición debe considerar como esencial cuál es el fin principal del hombre para luego definir lo que el hombre es. Uno de los documentos confesionales que la iglesia protestante produjo y que fue diseñado en forma pedagógica es el Catecismo Menor de Westminster. La primera pregunta y respuesta dice: "P.1 ¿Cuál es el fin principal de la existencia del hombre? R/. El fin principal de la existencia del hombre es glorificar a Dios, y gozar de él para siempre."[71] Diremos categóricamente con base a lo que hemos señalado hasta ahora que: *un hombre es una persona creada por Dios con el propósito de adorarle y disfrutarle por siempre, cuyo diseño posee una conducta y roles especiales que le permiten liderar amorosamente, proveer sacrificialmente y proteger valientemente a los que le rodean.* Para reflexionar sobre esta definición, tomaremos una pequeña muestra de dos pasajes de la Biblia, uno del Antiguo Testamento y uno del Nuevo Testamento; en ambos notaremos elementos esenciales para promover una masculinidad bíblica entre el pueblo de Dios.

Antiguo Testamento (I Reyes 2:1-4). Este es un pasaje particularmente útil en términos de masculinidad. El rey David está próximo a morir pero antes de su deceso le ofrece a su hijo y sucesor una serie de consejos de vital importancia. El receptor es Salomón, un hombre joven que asumiría el trono de Israel en un contexto de mucha intriga política y oposición en el seno de su propia familia. El panorama no era fácil; en su reinado debían tomarse múltiples y difíciles decisiones, por tanto, era necesario que Salomón tomara una posición de verdadera masculinidad. Aquella misma necesidad es la que sigue vigente para las nuevas generaciones de hombres al entrar en el mundo de la adultez; quizá no tendrá el mismo compromiso de un rey, pero deberán enfrentarse con la complejidad de nuestro mundo postmoderno y necesitarán definición y fuerza para tomar las decisiones adecuadas. Así que, este pasaje representa para los hombres un verdadero llamado de atención como el que hizo el rey David a su hijo Salomón antes de morir. Ahora es Dios quien nos llama a portarnos como verdaderos hombres. En los siguientes apartados, permítame mostrarle de forma breve, tres aspectos en este pasaje bíblico que nos ayudan a entender la verdadera masculinidad, es otras palabras, de qué se trata ser hombre.

1. ¿Qué debe hacer? *Guardar los preceptos de Dios.* La primera indicación que el rey David ofrece a Salomón se resume en el verbo *guardar* que viene del término hebreo *shamár* (heb.שָׁמַר)[72] cuyo significado es cercar alrededor, proteger, cuidar. Realmente lo que Salomón debía hacer es convertirse en un centinela o custodio de los preceptos de Dios. Este sería su primer acto de masculinidad que respondería al llamado de su padre: "Sé hombre" (versículo 2). De esto aprendemos que un verdadero hombre es aquel que tiene entendimiento de lo que Dios ha revelado, es alguien que busca cumplir la voluntad divina antes que su propia voluntad. En otras palabras, un verdadero hombre guarda la Palabra del Señor en alta estima, es un centinela que vigila y un custodio que protege. La acción de guardar los preceptos divinos en el contexto de nuestro texto bíblico implica la premisa fundamental de entender cuál es nuestra posición como hombres en el orden de la creación.

Un hombre no podrá entender la posición de los demás (esposa e hijos) si no ha entendido que él mismo está sujeto a un marco normativo que debe cumplir. No es fácil vigilar y proteger los preceptos de Dios, por eso es un acto de verdadera hombría; el escapismo o el acomodamiento son caminos fáciles para el hombre, pero no son bíblicos.

2. ¿Cómo debe hacerlo? *Obedeciendo lo que está escrito en la Ley.* Notamos que la segunda indicación del rey David a Salomón está contenida en el verbo *andar* que viene del término hebreo *yalák* (heb. הָלַךְ)[73] cuyo significado es llevar, caminar. Con esto, el consejo de David toma un giro práctico porque coloca a Salomón en la vivencia de lo que antes le ha ordenado que vigile. En otras palabras, no sólo debe ser un buen protector de los estatutos divinos, sino que además debe ser obediente a ellos, tal como está escrito. Él debe llevar la Ley de Dios a todos los ámbitos de su vida diaria, debe caminar en ella armonizando su fe y su práctica. De esto aprendemos que un verdadero hombre no es aquel que hace mucho, sino aquel que actúa de la forma correcta. Lo que hará agradable nuestro rol de hombres ante los ojos de Dios es que cumplamos fielmente las funciones que nos corresponden en la forma que él ha ordenado. No basta conocer los preceptos de Dios, debemos cumplirlos; y esto es un verdadero acto de masculinidad. En nuestro texto, la indicación de sujetarse a lo que está escrito se refiere a que el bienestar familiar está asegurado solo si obedecemos la norma, no por conocerla. El marco normativo de todo hombre es la Palabra de Dios; el apóstol Pablo advierte el peligro que se enfrentará si intentamos ir más allá de lo que está escrito (I Corintios 4:6).

3. ¿Para qué debe hacerlo? *Para mantener el trono.* La tercera indicación que recibe Salomón está conectada con el cumplimiento de las dos anteriores. El rey David dice que el fruto de la masculinidad en la gobernanza será que "jamás faltará *varón* en el trono de Israel" (versículo 4). He enfatizado a propósito la palabra varón porque es relevante en el contexto no sólo de la frase, sino en la promesa que invoca la frase. Sucede que la figura varonil en el trono de Israel señala al gobierno eterno de Cristo, Él es el hombre perfecto a quien representaría Salomón en el trono, como cabeza del pueblo de Dios. Por ejemplo, en I Crónicas 29:23 se confirma que Salomón gobernó por Dios sobre el reino de Dios como un rey sentado en el trono de Dios. Así que, con esto aclaramos dos cosas muy importantes. Primero, la gobernanza masculina que refleja la concesión que Dios le dio al hombre como cabeza idónea desde la creación. Segundo, el beneficio colectivo que se nota en el hecho que Salomón debía proteger, guiar y cuidar a la nación de Israel, no sólo a sí mismo y sus propios intereses. Por tanto, un verdadero hombre no hace lo que hace por él sino por los suyos; su enfoque nunca es individualista sino colectivo. Poder mantener el trono en manos de un hombre fiel y temeroso a Dios representaba que todo el pueblo tendría asegurado bienestar. Igualmente, cuando el hombre entiende su rol bíblico y lo asume con responsabilidad, no sólo obtiene el bienestar familiar, sino que lo garantiza.

Nuevo Testamento (I Corintios 16:13-14). Este es otro pasaje particularmente útil en asuntos de masculinidad. Aquí se muestran las palabras finales del apóstol Pablo a los líderes de la iglesia en Corinto. No es cualquier despedida, es un llamado de atención a los hombres dentro del pueblo de Dios a portarse *varonilmente*. El apóstol Pablo ha utilizado en esta palabra el término *andrizesthe* (gr. ἀνδρίζεσθε)[74] cuyo significado es portarse como varón, comportarse de manera valiente, conducirse con coraje. Este término es tan peculiar que "es el único lugar en el Nuevo Testamento donde aparece, pero su significado es claro. Ningún hombre del ejército de Cristo puede desanimarse; en su presencia no hay lugar para cobardes ni débiles."[75] Pero ¿qué relación tiene este pasaje con el rol masculino? Sucede que el carácter de un verdadero hombre está asociado a tres aspectos de la masculinidad bíblica que el apóstol Pablo ha resaltado en este pasaje y que cumplen una función importante. Notemos brevemente los tres aspectos:

1. Firmeza. En primer lugar, se les dice a los hombres: "estad firmes" porque siendo que somos la figura de autoridad que Dios ha establecido por diseño, no podemos vacilar al ejercer la dirección de nuestra familia. Debemos entender que la firmeza es la voluntad inquebrantable y constancia en la realización de todo lo que hacemos. Un hombre sin firmeza, en esencia, muestra que no tiene clara su identidad. Muy probablemente este componente sea uno de los más descuidados en la actualidad; y se entiende, porque tener firmeza no es fácil, pero es el llamado de Dios para los hombres. La firmeza está asociada a la capacidad de no negociar lo esencial por lo ocasional. La postmodernidad ofrece una gran cantidad de peligros para la masculinidad y uno de ellos es el relativismo que ha convertido la ética en simple estética. Ahora todo es relativo y la verdad depende de cada individuo y de su propia conveniencia. La actual cultura relativista es un ataque frontal a la verdad, que como en otras épocas, parece escasear cada vez más (Isaías 59:14-15). El resultado es una generación de hombres inestables totalmente opuesto al perfil bíblico de un hombre firme en lo que es y hace. En cuanto a esto, el escritor a Hebreos nos recuerda la importancia de la firmeza en la vida cristiana al decir que: "Mantengamos firme, sin fluctuar, la profesión de nuestra esperanza, porque fiel es el que prometió" (10:23).

2. *Esfuerzo.* En segundo lugar, se le dice a los hombres: "esforzaos" porque si la función de un verdadero hombre radica en preocuparse más por los suyos que por él mismo, la comodidad o la ociosidad nunca serán atributos que caractericen a un hombre de verdad. En términos funcionales, el esfuerzo es la actitud de poner el mayor potencial físico, moral o espiritual para alcanzar algo. Así pues, el rol bíblico del hombre incluye un esfuerzo que es integral, demanda una entrega en todos los ámbitos. Si el esfuerzo no es integral, no será suficiente. Ciertamente no es una tarea fácil de cumplir y mucho menos de mantener; sin embargo, el hombre de Dios debe confiar en Él (Salmos 31:24). Una de las formas más evidentes de comprobar que el esfuerzo ha dejado de ser una prioridad en los tiempos actuales, es la gran cantidad de hombres que deciden abandonar no sólo a su familia, sino su propio rol como hombre.

Aparentemente, en algunos contextos el número de hombres que abandonan a su esposa e hijos no está en aumento; sin embargo, debemos reconocer que el abandono sí está creciendo, pero en términos cualitativos. Los hombres postmodernos son tentados a abandonar las cualidades de un verdadero hombre para dar paso a la construcción de un modelo de hombre a su propia medida. Es precisamente ahí, donde el cristiano debe hacer la diferencia; debemos cultivar nuevas generaciones de hombres esforzados que mantengan el perfil que Dios ha establecido.

3. Amor. En tercer lugar, se les dice a los hombres: "háganlo todo con amor" porque la facultad de hacer ya la tenemos, el asunto determinante es en qué forma lo hacemos. De nuevo, se nos recuerda a los hombres que lo importante no es la cantidad sino la calidad de nuestras acciones, motivaciones y relaciones. En este pasaje, el tipo de amor que el apóstol Pablo señala es *agapē* (gr. ἀγάπη), o sea, el amor que supera los sentimientos, el amor que está por encima del gusto y la afinidad, el amor que es superior a la belleza corporal. Un verdadero hombre no ama por cualquier otra razón que no sea porque ha entendido que ese es su rol bíblico. Tenemos el ejemplo perfecto en el trato de Cristo hacia su esposa, que es la Iglesia. Él no ama por algún mérito o valor que hay en ella; lo hace porque está en su naturaleza amarla. Así mismo, la masculinidad bíblica debe estar marcada por el atributo del amor y volverse un digno contraste frente al errado perfil del hombre hedonista de nuestros tiempos. Vemos una tendencia en el hombre de ser y hacer girando alrededor de sí mismo, cuyo fin supremo es la búsqueda de su propio placer. El apóstol Pablo advirtió que habría hombres "amadores de los deleites antes que de Dios" (II Timoteo 3:4) y nuestra época, sin duda, es el cumplimiento de esos tiempos. Por ello, la iglesia debe promover la masculinidad centrada en el amor genuino.

III. Componentes de la Masculinidad Bíblica

En la sección anterior, establecimos una serie de aspectos que enfatizan la necesidad de definir y desarrollar una masculinidad bíblica. Para ello, reflexionamos en algunos textos del Antiguo y Nuevo Testamento que resultan particularmente útiles. Ahora, es el momento de reunir aquellos insumos y ofrecer una síntesis de componentes que definan el rol del hombre según la Biblia. Los tres componentes que veremos a continuación sólo son una propuesta muy general; sin embargo, presentan la esencia de la masculinidad bíblica en un sentido de responsabilidad benevolente para *liderar, proveer y proteger* a quienes Dios ha puesto a nuestro lado. Esos tres componentes pueden hacer una diferencia en la manera de entender y vivir la masculinidad en nuestros tiempos.

1. Liderazgo Amoroso. El hombre ha sido diseñado por Dios para funcionar como una cabeza idónea, esto implica ejercer su liderazgo con amor. El Espíritu Santo nos enseña a través del apóstol Pablo que es el hombre quien debe ser líder en el hogar (Efesios 5:22-24) y también en la iglesia (I Timoteo 2:9-15). Sin duda, usted se pregunte: ¿De dónde tomó el apóstol Pablo esa idea? ¿Acaso tomó estas enseñanzas de su cultura machista? ¡Por supuesto que No! El apóstol

Pablo recibió estas palabras inspiradas por el Espíritu Santo para explicarnos que el hombre tiene un llamado divino para ejercer el liderazgo porque, según el orden de la creación que hemos visto anteriormente, el hombre fue formado antes que la mujer. No es un asunto de preferencias, es una cuestión de roles. Dios creó al hombre para tomar la iniciativa, para dar el primer paso, también para guiar, dirigir y dar la cara cuando sea necesario, tal como lo hace todo líder responsable.

Sin embargo, esto no debe conducir al hombre a crear una imagen errada de su esposa, pues como bien lo advierte Stuart W. Scott "esto no dice absolutamente nada (positivo o negativo) sobre las capacidades de la mujer... Dios sencillamente decidió entregar esta función de liderazgo al hombre."[76] Así que, lo primero que nos hace ser verdaderos hombres es recibir con agrado el mandato o la responsabilidad del liderazgo. Pero, ¿cómo es un verdadero líder masculino? La experiencia de la gente hará que pensemos cosas muy diferentes sobre el llamado de los hombres a liderar. De manera que, es necesario establecer algunas afirmaciones sobre el significado del liderazgo bíblico masculino.

El liderazgo masculino no se expresa en la exigencia de ser servido, sino en la fortaleza de servir y sacrificarse por el bien de otros (Lucas 22:26). El liderazgo masculino no es representado por un comportamiento exigente. Si creemos que el objetivo del liderazgo masculino es ayudar a los suyos en su camino hacia la santidad, entonces el hombre en su rol de líder debe emanar aroma de santidad, es decir, mostrar el comportamiento de Cristo que es su fiel modelo (Efesios 5:23, 25). Ciertamente, los hombres deben liderar, pero debemos hacerlo procurando el bienestar de los demás. Veamos a Cristo y la manera en que lideró a su amada esposa hacia la santidad con su sacrificio en la cruz. Aunque en su muerte y sufrimiento parecía débil a criterio del mundo, él mostró una fuerza infinita y voluntad inquebrantable encarnando un liderazgo servicial. De la misma forma, ahora los hombres debemos utilizar ese liderazgo no para ganar la vida, sino para entregarla.

El liderazgo masculino no tiene que iniciar cada acción, pero es responsable de proveer un patrón general de iniciativa (Josué 24:15b). El ejemplo del liderazgo masculino de Josué es muy ilustrativo para aplicarlo en un entorno familiar. Debemos reconocer que el hombre no necesita y no debería planificar todo, sino que su rol está enfocado a asumir la responsabilidad general de iniciar y llevar a cabo la planificación espiritual para la vida familiar. En muchas ocasiones y en muchas áreas los detalles de la vida diaria serán planeados e iniciados por la esposa; existen numerosos asuntos en la casa y la familia que ellas pueden atender sin que eso reste importancia al rol masculino. En cambio, es muy probable que el hombre flaquee en sus responsabilidades de liderazgo si permite que la esposa en general tome siempre la iniciativa de llevar la familia a la iglesia, reunirla para los devocionales y decidir qué normas morales se aplicarán en casa.

El liderazgo masculino es un llamado al arrepentimiento y a la humildad (I Pedro 5:6). Si algo mostrará verdaderamente nuestra masculinidad delante de Dios y de nuestra esposa es que nos humillemos ante el Señor por los fracasos cometidos en el pasado y por la tendencia permanente a eludir las responsabilidades o el deseo de sobrepasarlas. Para ser un líder amoroso, el hombre primero debe ser humilde y reconocer que "no tiene" la sabiduría o autoridad propia para ejercer la dirección de la familia. Es realmente Dios quien da a los hombres la autoridad y la sabiduría, enseguida nos equipa con su Palabra y su Espíritu. Quizá no habrá nada más hermoso en la experiencia de liderazgo de un buen hombre que dejarse instruir por Dios a través de su Palabra y eso solo sucederá si es un asiduo lector y un fiel practicante de ella. Además, la experiencia de liderazgo amoroso se consolida con la guía del Espíritu Santo. Como lo indicamos antes, no somos hombres competentes por nosotros mismos; sólo el Espíritu nos guía a la verdad y a la justicia.

Así que, es imperativo afirmar que el hombre debe ejercer su liderazgo con amor. Sin esta esencial característica todo liderazgo masculino cae en la ruina. Un hombre que dirige su familia sin amor está destinado a afligir a quienes Dios ha puesto bajo su autoridad. Es pertinente recordar la eminente definición de amor que ofrece el apóstol Pablo en I Corintios 13:4-8. El hombre que lidera motivado por el amor y no por egoísmo u orgullo es aquel que constantemente se pregunta: ¿Qué es lo mejor para aquellos que están bajo mi autoridad? ¿Cómo me puedo sacrificar para apoyar su avance, desarrollo, crecimiento y triunfo? Un hombre que está liderando con amor será como un responsable capitán de marina que ante la evacuación de un barco que se hunde, no usará su liderazgo para subir primero en el bote salvavidas, sino que dará prioridad a su esposa e hijos.

2. Provisión Sacrificial. El hombre que cumple su rol de liderazgo amoroso siempre está dispuesto a hacer un gran sacrificio para la provisión de los suyos. Esta provisión llegará para cubrir necesidades físicas, materiales y espirituales; pero no es una tarea fácil. Esto se debe a que una consecuencia catastrófica del pecado de nuestros primeros padres fue la maldición que recibió la tierra. Dios estableció que el hombre encontraría gran dificultad al buscar su alimento (Génesis 3:17-19). Por esta razón, muchos hombres están llevando vidas de egoísmo, holgazanería o pasividad sin cumplir su tarea como proveedores. Otros son presa de estrategias para ganar dinero fácil en lo cual no hay sacrificio alguno, y peor aún, Dios no es glorificado al hacerlo. La Biblia registra en I Timoteo 5:8 una fuerte declaración acerca de la necesidad del hombre de proveer para su familia, pues quien provee para su familia, refleja la provisión de Dios de todo lo que necesitamos para la vida y la piedad. Este principio de provisión masculina se expresa con claridad en las palabras del apóstol Pablo en Efesios 2:28-29 al decir que "nadie aborreció jamás su propio cuerpo, sino que lo sustenta y lo cuida, así como también Cristo a la iglesia."

Ahora bien, esta responsabilidad del esposo no limita a una esposa para que ayude a obtener ingresos que garanticen el bienestar familiar. Por ejemplo, Proverbios 31 retrata a una esposa con amplias habilidades que se extienden dentro de la esfera del hogar como también en los negocios fuera de éste. Así que, el principio bíblico no pone en duda la capacidad de las mujeres para proveer, sino que por diseño asigna esta función a los hombres. Por tanto, el hombre que provee sacrificialmente para los suyos se preguntará a menudo: ¿Cuáles son las necesidades reales de quienes están bajo mi cuidado? ¿Cómo puedo depender de Dios para proveer lo suficiente en el área espiritual, física, material o emocional? Cristo, es el mayor ejemplo de masculinidad; él se sacrificó hasta la muerte para proveer salvación al pecador, lo hizo en circunstancias que nadie más podía hacerlo y se puso en lugar del pecador para obtener su redención (Filipenses 2:5-8).

3. *Protección Valiente*. El rol de liderazgo masculino también es proteger con valentía a los suyos. El hombre es quien debe "dar la cara" por su familia, él es quien debe estar preparado para cuando sea necesario defender, socorrer y dar auxilio a quienes están bajo su autoridad. Adán, el primer hombre, falló en proveer protección a su esposa de los ataques de Satanás en el huerto, no estuvo ahí para protegerla y las consecuencias han sido fatales, incalculables y eternas. El pasaje de Ezequiel 34:4-6 relata que cuando Dios reprendió a los hombres encargados de pastorear a su pueblo lo hizo por no proteger a las ovejas que estaban bajo su cuidado, es decir, por no cumplir su rol de liderazgo. Debemos aprender de este pasaje que la masculinidad bíblica tiene una responsabilidad natural, dada por Dios, de avanzar y ponerse entre la amenaza y nuestros protegidos. ¿Sabe por qué? No porque quienes estén bajo nuestra autoridad sean inherentemente más débiles en lo físico, o cobardes en lo moral; sino porque los hombres fuimos diseñados para proteger a otros de manera sacrificial. Los hombres tenemos conciencia de la responsabilidad de proteger a los que amamos porque somos hombres. Esto viene de un profundo sentido de aptitud honorable en la forma en que Dios creó las cosas, es parte de su diseño divino.

Por ejemplo, en Hechos 20:28-29 notamos la advertencia que la iglesia de Éfeso sería atacada por "lobos feroces" que sin tener misericordia destruirían la vida de las ovejas; pero también dice habría hombres encargados de dar la cara y proteger al rebaño. Los hombres que han recibido responsabilidades de liderazgo espiritual en la iglesia local son llamados a cuidar con valentía al rebaño del Señor Jesucristo. Este principio se transmite a todas nuestras relaciones. El hombre es el protector y quienes están a su cuidado son los protegidos. Pero esta protección no se limita solamente al peligro físico, también incluye proteger el bienestar espiritual de la familia. Esta protección es la que Cristo aplica a su esposa (Gálatas 1:4; II Corintios 5:21; 8:9) colocándose entre Dios y ella como mediador. Así mismo, un hombre que está viviendo fielmente su masculinidad siempre estará preparado para proteger a los suyos hasta las últimas consecuencias. Nunca debemos dejar de preguntarnos ¿Qué peligros espirituales, intelectuales, morales o físicos están viniendo sobre los que Dios puso bajo mi autoridad? ¿Estoy preparado para defenderlos y cuidarlos? ¡Que Dios nos guíe a cumplir fielmente este aspecto esencial de nuestro rol!

Conclusión

Hemos considerado el rol del esposo como una figura de masculinidad bíblica. En la primera parte señalamos lo importante que es para la iglesia desarrollar una adecuada teología bíblica de la masculinidad que permita enfrentar la errada ideología de género que el mundo promueve vorazmente. Luego, establecimos una serie de aspectos que afirman a la luz de las Escrituras la necesidad de fomentar una masculinidad bíblica en las nuevas generaciones de hombres. Al final, notamos tres componentes esenciales del rol bíblico del hombre: liderazgo amoroso, provisión sacrificial y protección valiente. Es muy probable que nuestra propia experiencia de esposo parezca muy alejada de este modelo bíblico; sin embargo, la Biblia contrasta a dos hombres: el primer Adán que fue creado para administrar la creación de Dios obedeciendo los mandamientos de Dios, pero fracasó; y el segundo Adán que es el hombre perfecto que sirvió sacrificialmente, dando su vida por los suyos y obedeciendo los mandamientos de su Padre. Cristo es el modelo de la masculinidad bíblica; por tanto, cuando fracasemos como el primer Adán, miremos al segundo Adán y dejemos que su vida se refleje en la nuestra (Gálatas 2:20).

Preguntas de Estudio – Capítulo 7

Responda lo que se le indica en cada pregunta.
1. ¿Cuáles son los *dos estereotipos* de una errada masculinidad, que según el autor, se han agudizado en la actual postmodernidad?
2. Mencione los *tres aspectos* que ayudan a definir la idea de ser creados a imagen de Dios y entenderla con relación al rol masculino.
3. Según el autor, ¿Cuáles son *dos pasajes bíblicos* particularmente útiles en el Antiguo y Nuevo Testamento para entender la masculinidad?
4. ¿Cuáles son los *tres componentes* de la masculinidad bíblica que el autor ofreció como una propuesta bíblica para los esposos.

Responda "Falso" o "Verdadero", según corresponda.

5. La Biblia muestra que la *diferencia en los roles* equivale a una diferencia de estatus, valor, importancia o dignidad entre hombre y mujer.

6. La Biblia muestra que la obra redentora de Cristo no elimina *las distinciones* de los roles originales, sino que las redime.

7. Un verdadero hombre es quien sabe que el *bienestar familiar* no está asegurado por obedecer la norma, sino por conocer la norma.

8. Un verdadero hombre es quien sabe que lo importante no es la cantidad sino la *calidad* de nuestras acciones, motivaciones y relaciones.

Reflexione con base al estudio de este capítulo.

9. ¿Qué opina sobre el hecho que la responsabilidad del esposo como *proveedor* no limita a la esposa para que también ayude a obtener ingresos familiares? Explique.

10. Según su opinión, ¿cómo están cumpliendo los hombres cristianos el *rol bíblico de la masculinidad* en la actualidad? ¿Qué sugerencias ofrece para mejorar? Comente.

8

LA ESPOSA: Una Figura de Feminidad Bíblica

Introducción

Por mucho tiempo, los cristianos han considerado la definición de la masculinidad como algo importante tanto en la familia como en la iglesia; sin embargo, parece que eso no ha ocurrido con la feminidad. A pesar que el rol de la mujer tiene igual importancia que el rol masculino en el diseño divino, los esfuerzos para tratar este campo práctico no han sido en igualdad de esfuerzo. La diferencia y particularidad de la feminidad le dotan de aspectos que deben llamar nuestra atención para que la mujer cristiana pueda entenderla, definirla y vivirla bíblicamente. La influencia e impacto de la postmodernidad no sólo ha afectado la definición de lo masculino, también ha deformado el rol de lo femenino. Por tanto, si bien la pregunta ¿Qué es ser hombre? es relevante, también lo es ¿Qué es ser una mujer? Y eso es lo que intentaremos responder en los siguientes apartados. Por supuesto, en la sociedad actual ésta no es una interrogante de fácil respuesta; bastaría con hacerla a un grupo de jóvenes. Notará una respuesta silente y una expresión facial de asombro. Los que se aventuran a responder sugieren que ser hombre o mujer depende de la constitución física, los procesos mentales y emocionales, o bien, de la forma en que nos relacionamos con las demás personas. Las nuevas generaciones dudan mucho al ofrecer una respuesta concreta; y tienen razón. Los fundamentos sobre los cuales se construye una definición correcta de lo que es ser hombre o mujer, están deficientes; en otros casos, sencillamente no existe fundamento. No es una realidad alentadora, pero es la realidad actual.

Los estereotipos no sólo han afectado la masculinidad, también lo han hecho con la feminidad. Por ejemplo, los insumos que las nuevas generaciones toman para definir la feminidad no son indicadores precisos, porque si la feminidad se define por la forma en que una persona se relaciona con los demás, ¿acaso dejaría de ser mujer aquella que no socializa como se espera? Esto también ocurre con los procesos mentales y emocionales, porque si una mujer no es altamente emotiva y sensible, ¿significa que no es femenina? Y por último, considere el caso de una mujer que es analítica y ágil con los números, pero tímida para relacionarse, ¿acaso esto la hace menos femenina? Estas consideraciones solo muestran que existe un dilema y falta de claridad en muchas mujeres actualmente sobre su feminidad. Muchas se han esforzado para establecer su identidad y buscar un terreno seguro y estable para hacerlo. Pero resulta que quienes lo hacen, crean reglas y estándares propios para saber si están a la altura de las circunstancias; y luego, buscan aplicar esos mismos estándares a todas las mujeres. ¿Sabe cuál ha sido el resultado? Sin duda, habrá notado que con mucha frecuencia las mujeres que trabajan fuera de casa juzgan a las que se quedan en casa con sus hijos creyendo que eso es una subutilización de su potencial. Por su parte, las mujeres que se quedan en casa con sus hijos cuestionan a las que trabajan fuera creyendo que con eso han abandonado su rol de esposas y madres. Así mismo, las mujeres se juzgan entre sí por su estado civil, tipo de educación, etc.

Frente a este panorama, algo es indiscutible: existe un problema de identidad y una lucha por definirla. Esto no sólo ocurre en la cultura secular sino en contextos religiosos, lo cual incluye al cristianismo. Las personas argumentan abiertamente que, aunque se nace con un sexo determinado, el género es un asunto de elección. El movimiento feminista propició una lucha por la *igualdad* de género, pero tal parece que se ha degradado a una lucha por la *neutralidad* del género. Al respecto, Juan Varela opina que nos enfrentamos a una profunda desorientación, una grave crisis de los roles y un ataque sin precedentes a la institución divina de la familia; él ha resumido muy bien los nuevos paradigmas en una sola frase: "El hombre tiene miedo de ser hombre y la mujer con ser mujer no tiene bastante."[77] Sin duda, esta frase resume un problema esencial actual, pues como lo hemos señalado antes, con la llegada de la posmodernidad se asentó el feminismo radical y la crisis de la masculinidad, que condujo a la sociedad al *empoderamiento* femenino y el *empobrecimiento* masculino. Esto se explica, según Varela, en el hecho que "al cambiar la lucha de clases por la lucha de sexos, el marxismo cultural comenzó un enfrentamiento entre los géneros, que resquebrajó los conceptos de diferenciación y complementariedad, pilares básicos de la unidad matrimonial, y por lo tanto, familiar y social."[78]

Pero ¿cómo medimos el impacto de esta crisis de feminidad? Quizá el indicador más acertado es el rechazo que la mujer ha desarrollado en torno a determinados aspectos de sí misma, aspectos propios de su personalidad y naturaleza femenina. Esto le ha llevado a desarrollar otros más acordes con la masculinidad en un intento deliberado de equipararse o parecerse al hombre, sin entender que la igualdad no se refiere a sexo o roles, sino al trato y consideración. Pudiéramos pensar que este solo es un rechazo hacia estándares sociales, culturales o religiosos que se han sostenido sobre la mujer, pero el asunto es mucho más grave de lo que pudiéramos pensar. La crisis de feminidad reflejada en el rechazo hacia lo femenino es realmente un rechazo a la verdad. Dios estableció un rol para la mujer que no está sujeto a cuestionamientos culturales o sociales. Más bien, en el cumplimiento del rol femenino se garantiza el orden divino para una sociedad a través de la familia. Pero en la sociedad actual cualquier verdad que no esté autodefinida es vista como restrictiva, opresiva e injusta. Esa perspectiva es una forma de relativismo, un síntoma postmoderno de que no existe verdad absoluta, salvo aquella que el individuo define; el resultado ha sido la búsqueda de identidad femenina fuera del orden divino.

No sería extraño que ante tales argumentos los críticos apelaran preguntando: ¿acaso el feminismo no ha traído algún beneficio a las mujeres? ¡Claro que ha habido resultados! Pero sabemos muy bien hacia donde se dirige esa pregunta y cuáles son los argumentos que la sustentan. Como bien lo ha señalado Chrystie Cole: "el movimiento feminista ha sido un catalizador que les ha brindado grandes oportunidades a las mujeres, como son el derecho al voto, el derecho al trabajo, la Ley de Licencia por motivos familiares y médicos e igualdad de oportunidades de empleo, salario y beneficios…. Sí, somos testigos del surgimiento de las mujeres. Pero ¿a qué costo? Las mujeres son ahora dos veces más propensas a sufrir depresión y ansiedad que los hombres. Solo en los Estados Unidos, aproximadamente siete millones de mujeres sufren de depresión clínica."[79] Así que, tal como en el capítulo anterior, el motivo de señalar estos estereotipos culturales es ilustrar lo difícil que le resulta a nuestra sociedad actual responder a nuestra pregunta: *¿Qué significa ser mujer?* Sin embargo, nuestro principal objetivo nuevamente será dar respuesta a esta y otras preguntas a la luz de las Sagradas Escrituras.

I. La Feminidad en la Teología Bíblica

El mundo postmoderno ofrece un panorama difícil para las mujeres. Por un lado, grandes expectativas; por el otro, grandes sufrimientos. Naturalmente usted se preguntará qué nos lleva a sostener tal aseveración. Basta observar las aparentes libertades y oportunidades que las mujeres gozan hoy y que antes no tenían; pero todo ello está acompañado de la indiscutible realidad de que ser mujer sigue siendo difícil en la sociedad actual. Parece que hay un desencanto del ideario feminista que no siempre se reconoce, pero es real. Las mujeres siguen aferradas a una *ideología humana* que no ha cumplido aquello

que les prometió, sencillamente porque no puede
hacerlo; por el contrario, la mujer necesita ver su rol
a la luz de la *teología bíblica* que es la única perspectiva que las dignifica en el contexto del diseño divino para hombres y mujeres. Por ello, la forma en
que las mujeres responden al diseño divino establecido en la masculinidad bíblica es lo que deja ver con
mayor claridad la feminidad bíblica. La Biblia muestra que Dios ha armonizado los roles del hombre y
la mujer bajo una relación pactual, de tal manera que
es necesario tener en mente la definición de masculinidad mientras se reflexiona en la feminidad.

La Biblia describe con frecuencia la feminidad
en el contexto de la relación matrimonial. Esto se
debe a que, cuando las Escrituras fueron redactadas,
el matrimonio era el contexto más familiar en el cual
las virtudes de la feminidad podían ser ilustradas.
Sin embargo, esto no significa que una mujer deba
estar casada para ser femenina, sino que también las
mujeres solteras harían bien al considerar los pasajes
bíblicos sobre el matrimonio y sus implicaciones,
para saber cómo expresar su feminidad en el contexto de su soltería. Resultan muy ilustrativos los
ejemplos de feminidad en la vida de la joven huér-
fana Ester que llegó a ser reina de Persia al casarse
con el rey Asuero, también la joven viuda Rut que se
casó con el piadoso Booz, y otras mujeres solteras y
viudas que son ejemplares en la Biblia. En definitiva,
debemos reconocer que la mujer en la cultura actual
necesita un retorno a las Escrituras, pues según
Chrystie Cole, "si se quiere cambiar una cultura, hacen falta una teología y un lenguaje común. Hemos
visto que esto es cierto. Si los cristianos, vamos a ge-

nerar un debate útil dentro de todo el caos y la confusión que rodea al asunto del género y la diferencia entre la personalidad, los roles y el diseño humano, entonces tenemos que hablar el mismo idioma... proporcionar un recurso práctico, útil, que capacite a las mujeres para pensar bíblicamente en cuanto a lo que significa ser una mujer..."[80]

Así que, para considerar el lugar que la feminidad ocupa en la teología bíblica, necesaria y responsablemente debemos iniciar donde Dios comenzó, es decir, en el capítulo 1 del libro de Génesis. En ese pasaje se nos dice que Él creo al hombre, varón y hembra los creó, ambos a imagen de Dios. Es particularmente importante señalar que no sólo el varón fue creado a *imago dei*, sino ambos. Por tanto, debemos comenzar con la verdad esencial de que las mujeres son creadas a la imagen de Dios. Esto es impresionante y debería serlo para todos, porque significa que cada mujer con la que, de alguna manera tenemos relación, es una co-heredera del cielo porque es creada a imagen de Dios, de la misma manera que el hombre es creado a imagen de Dios. Teológicamente, este debe ser nuestro punto de partida, es decir, la mujer ha sido creada con una naturaleza humana que refleja la naturaleza misma de Dios y la belleza de su diseño en la creación humana. En el capítulo 2 de Génesis se confirma este principio. Al respecto, Matthew Henry explica que: "la mujer fue hecha de una costilla del costado de Adán; no fue hecha de su cabeza para gobernar sobre él, ni de sus pies para ser pisoteada por él, sino de su costado para ser igual a él, bajo su brazo para ser protegida, y cerca de su corazón para ser amada."[81]

Con base a la evidencia bíblica, el valor de la

mujer en términos de dignidad, es el mismo que el valor del hombre. De hecho, puede afirmarse que tanto hombres como mujeres son esenciales para la revelación completa de la gloria de Dios. Si revisamos el relato de Génesis 2, notamos que Dios crea primero al hombre, pero aún no dice que era bueno (v.18), porque simplemente no estaba terminado su diseño. En la segunda parte del relato, Dios crea a la mujer y entonces completa su diseño. Nótese que fue bueno hasta que la mujer es creada siendo tomada del costado de Adán. Ningún animal podría complementar al hombre, porque ningún animal es creado a imagen de Dios. Por ello, la mujer debía ser de la misma naturaleza del hombre, y por tanto, de la naturaleza de Dios. Esto nos lleva a concluir que ella tiene el mismo valor que el hombre por diseño divino, y juntos son la revelación más completa de la gloria de Dios en la creación.

Pero indiscutiblemente, una de las interrogantes que el capítulo 2 de Génesis ha dejado en la mente de muchos cristianos es si realmente las mujeres son iguales a los hombres en dignidad e importancia, pues lo que han recibido es un rol de ayuda para el hombre. Para responder a tal interrogante es necesario recordar las palabras del apóstol Pablo en el pasaje de I Corintios 11:3, donde dice que: "Cristo es la cabeza de todo varón, y el varón es la cabeza de la mujer, y Dios la cabeza de Cristo." Sabemos que el contexto de estas palabras es el matrimonio en la iglesia; sin embargo, la frase final "y Dios la cabeza de Cristo" indica que Cristo tiene una cabeza, un líder. Cristo se somete al Padre, aunque él también es Dios. De esta forma, volvemos a señalar que la Trinidad es el mejor ejemplo para ver cómo se puede ser igual en la esencia, pero distinto en el rol. Veamos el ejemplo del Hijo: en el pasaje de Juan 10:30, Jesús dice "Yo y el Padre uno somos" lo cual denota la *igualdad* de esencia en la deidad. Sin embargo, en el pasaje de Juan 6:38, Jesús dice "he descendido del cielo, no para hacer mi voluntad, sino la voluntad del que me envió" lo cual confirma la *distinción* en el rol. Por tanto, no debe causar ninguna duda el hecho que la mujer goce de igual valor que el hombre con distintos roles asignados; ella reconoce que tiene una cabeza y se somete a él con gozo (Efesios 5:24).

Otro aspecto importante de la feminidad en la teología bíblica es el hecho que la mujer por diseño divino recibió capacidades únicas y especiales en el campo físico, mental y emocional, todas ellas diferentes a las capacidades del hombre. Esto debería conducirnos a reconocer las diferencias entre la masculinidad y la feminidad, enfatizando que esas diferencias son las que permiten mostrar más claramente el diseño divino cuando estamos juntos. También es importante incluir en esto a las mujeres que gozan de soltería porque hay dinámicas culturales para las personas que no están casadas y dinámicas culturales para quienes sí lo están. No podemos negar que una mujer cuando está casada muestra algo más hermoso de la gloria de Dios que estar en su pequeño mundo de individualidad. Por eso es importante tener un balance al tratar las capacidades únicas de la feminidad porque los extremos siempre son nocivos. Cathy de Núñez considera que para nadie es un secreto que "los cristianos han tergiversado el rol de la mujer. Por un lado, algunas iglesias dan a la mujer atribuciones que Dios no le ha asignado, como por ejemplo el pastorado de una iglesia.

Por otro lado, hay otras congregaciones que relegan el rol de la mujer a uno de pasividad en su participación en la iglesia. El llamado a formar la iglesia y a hacer vida de iglesia es tanto para el hombre como para la mujer cristiana."[82]

Finalmente, en el ámbito de la teología bíblica es necesario aclarar lo que queremos decir con la idea de *complementariedad*. Una de las cosas únicas que debemos saber sobre las mujeres es que son llamadas por Dios a recibir del hombre y honrar al hombre; además, son llamadas a apoyar el *liderazgo, protección y provisión* del hombre piadoso que Dios les ha concedido de acuerdo con sus roles apropiados. El motivo de resaltar este asunto es que si una mujer está casada no sólo tendrá un esposo, tendrá un pastor. Pero, además, mientras una mujer recorre la vida, tendrá amigos varones que son los esposos de sus amigas; tendrá colegas en el trabajo y otros muchos varones que cumplen roles diferentes en su vida; sin embargo, ella no recibe, honra y apoya el liderazgo, protección y provisión de todos ellos como debe hacerlo con su esposo. La dinámica de las relaciones entre los hombres y mujeres son diferentes en cada relación, pero Dios ha puesto en los hombres el rol de liderazgo, protección y provisión; igualmente Dios llama a las mujeres a amar eso, deleitarse en eso, honrar eso, acompañar al hombre en eso, utilizar todas sus múltiples capacidades únicas para avanzar la causa de Cristo a través de eso, de modo que cuando estén juntos se complementen entre sí y la gloria de Dios se muestre más plenamente.

Las diferencias de roles no deberían ser un obstáculo para entender la feminidad bíblica, pues parece que seguirán aún en la eternidad. Aunque la Biblia dice claramente que no habrá matrimonios en el cielo, ni tendremos hijos en la era venidera, nuestra personalidad está tan conectada al género humano que si fuésemos despojados de nuestra masculinidad o feminidad, seriamos irreconocibles. Esto se puede afirmar bajo la idea bíblica que, por ejemplo, Jesús es hoy mismo un hombre en el cielo. Creemos que él es Jesucristo, el mismo hombre que estuvo entre nosotros como uno de nosotros, pero ahora es un hombre glorificado; no debemos pensar en él de una manera andrógina o respecto de nosotros mismos en un tipo de existencia que no tiene correlación con la masculinidad y feminidad que nos fueron otorgados por Dios aquí. ¿Se ha puesto a pensar en esto alguna vez? En la eternidad todo será absolutamente hermoso, por tanto, la masculinidad y feminidad se podrán disfrutar a plenitud como debe ser; en la eternidad se eliminarán todas las barreras pecaminosas que por ahora afectan a la masculinidad y feminidad. Quizá esto sea el más grande motivo para que la mujer cristiana no sólo sea capaz de poder ubicar su feminidad en el contexto de la teología bíblica, sino que, además, pueda comprender la necesidad de una feminidad bíblica en una sociedad que vaga con una ideología feminista errada.

II. Necesidad de una Feminidad Bíblica

Nuestra lista de razones para rescatar la feminidad bíblica podría ser amplia; sin embargo, existen dos razones que son esenciales: primero, Dios nos ha creado para alabanza de su gloria (Efesios 1:4-6), y por tanto, el rol de la mujer debe corresponder al di-

seño divino para que pueda glorificar a Dios; segundo, la cultura postmoderna agudizó el proceso
de deformación de la feminidad, por lo cual se hace
necesaria la acción apologética por parte de la iglesia. Estas dos razones nos recuerdan que enfrentamos a una realidad difícil pero que puede ser supe-
rada con una respuesta bíblica. Por un lado, la sociedad ha insertado el movimiento feminista encargado de anular la feminidad natural para hacer de
las mujeres cada vez más competitivas con el hombre en sus funciones, aunque lo único que logró fue
erradicar la feminidad, es decir, el carácter femenino
natural, para insertar en la mujer un anhelo masculino y por tal razón busca constantemente competir
con el hombre. Por otro lado, la iglesia no es un
campo ajeno a esta realidad. Lamentablemente, el
panorama no ha sido muy diferente en el cristianismo; es evidente que la mujer cristiana ha perdido
la perspectiva bíblica de su rol femenino y el mundo
religioso le ha entregado una nueva feminidad que
responde a ella y no al diseño divino dado por Dios.

¿Esto es una aseveración descabellada o realmente hay evidencia? ¡Por supuesto que hay evidencia! La decadencia de la feminidad en el ámbito cristiano ha dado como resultado el desarrollo de un ministerio femenil anti-bíblico que ha conducido a las
mujeres a un empoderamiento feminista religioso,
no sujetarse a sus esposos, descuidar el encargo de
criar a sus hijos, y peor aún, su involucramiento en
funciones ministeriales que Dios ha encargado en
forma reservada solo a los hombres y de lo cual hay
amplio sustento bíblico como evidencia. Toda mujer
que ostenta funciones o posiciones ministeriales que
Dios no le ha otorgado, olvida que la indicación del

apóstol Pablo en I Timoteo 2:12 no se debe a la cultura ni al tiempo, sino al orden divino de la creación que ampliamente mostramos en secciones anteriores. La mujer no está privada de enseñar; al contrario, la Biblia indica claramente el campo en que debe ejercer tal función (Tito 2:3-5), pero no debemos confundir la enseñanza bíblica con el feminismo religioso que está infiltrándose en la iglesia y está dispuesto a quedarse en tanto que se lo permitamos.

El apóstol Pablo muy acertadamente exhortó a los cristianos que una parte esencial de sus deberes cristianos es *no conformarse* a este siglo, sino transformarse por medio de la renovación del entendimiento, para comprobar la buena voluntad de Dios, agradable y perfecta (Romanos 12:2). Sucede que existe otro extremo de la realidad, igual de malo que el anterior; pues tan nociva es la actitud invasiva como la actitud pasiva de una mujer. Una buena cantidad de iglesias están aplicando rigurosamente ciertas normas que dejan a la mujer totalmente anulada del servicio cristiano. En tales contextos, se piensa que la mujer no puede orar, aconsejar o servir, sino que está confinada al silencio y a la actividad reproductiva. Esto también es lamentable, porque el conjunto de características físicas, mentales y emocionales que el Gran Diseñador puso en las mujeres está siendo subestimado; todas las virtudes y cualidades del modelo perfecto de la feminidad que Dios tenía en mente lo estamos menospreciando. Ciertamente, desde la caída en Edén, el modelo de feminidad fue afectado por el pecado, pero la Biblia muestra muchas mujeres que vivieron su feminidad sujetas al diseño de Dios y fueron mujeres virtuosas,

dignas y elogiables en medio de una generación ma-
ligna y perversa como la nuestra. Su conducta, pensamiento, decisiones, pudor y ejemplo, fue su testimonio como hijas de Dios.

Así que, la necesidad de fomentar una feminidad
bíblica en la presente generación y en las venideras, responde al peligro evidente del *liberalismo*
pero también del *legalismo*; ambos están despojando
a la mujer cristiana de la dignidad que Dios le ha
concedido por diseño divino. Pero más aún, por los
efectos que indiscutiblemente trae la injerencia del
hombre en el diseño de Dios, pues como bien lo ha
señalado Juan Varela: "da miedo observar hacia
dónde avanza la supuesta civilización moderna. Estamos cambiando aspectos que pertenecen a la esencia de la creación en el ser humano, es una parcela
sagrada a la que no nos es permitido ingresar. El diseño divino no se puede profanar, las fronteras de la
ética de Dios no se pueden traspasar sin sufrir amar-
gas consecuencias. Con la violación de nuestra identidad natural perdemos la paternidad y la filiación
divina, quedando desnudos y huérfanos, y así nave-
gamos hacia la destrucción de la imagen de Dios en
el ser humano..."[83] El movimiento feminista es una
ideario perverso que se ha levantado e introducido
en el mundo para aniquilar principios y alterar el orden divino, creando generaciones de mujeres con-
fundidas sobre su identidad femenina y engañadas
con una felicidad efímera que trae dolor, angustia y
muerte. Y debido a que la mujer cristiana no es ajena
a esta realidad sino que es portadora y mensajera de
la verdad de Dios, debe estar siempre preparada
para presentar defensa con mansedumbre y reve-

rencia ante todo el que demande razón de su esperanza (I Pedro 3:15).

Finalmente, debemos reconocer que los cristianos tenemos una deuda histórica, no sólo con las mujeres en cuanto a su dignidad, sino con Jesús en cuanto a su perspectiva de la feminidad. Nuestro mensaje es el evangelio que Él predicó y vivió; Jesús es el hombre que cambió la perspectiva que la cultura contemporánea tenía sobre la mujer y dignificó la feminidad por medio del evangelio de gracia. ¿Acaso hemos olvidado aquella larga conversación que sostuvo con la mujer samaritana? El pasaje de Juan 4:7-30 nos muestra que el contacto de Jesús con esta mujer de mala reputación no fue un hecho aislado, sino que fue utilizada como un instrumento para compartir las buenas nuevas en su contexto. ¿No recordamos a la mujer pecadora que ungió los pies de Jesús en casa de Simón? El pasaje de Lucas 7:36-50 no sólo revela el concepto de inclusión que Jesús tenía sobre las mujeres aún en condiciones despreciables por la sociedad, sino que utilizó como ejemplo sus acciones para enseñar principios esenciales como el amor. Podemos también agregar el trato de Jesús a aquella mujer que durante doce años había sufrido un flujo de sangre. El pasaje de Lucas 8:43-48 nos informa que esta mujer no quedó en el anonimato sino que haciéndola pasar de entre la multitud, Jesús la utiliza de ejemplo y elogió su fe.

Pero si estos ejemplos no fueran suficientes ¿Acaso hemos olvidado la relación de Jesús con las hermanas María y Marta? Recordemos que en Lucas 10:38-42 se narra uno de los sucesos muy poco estimados en cuanto al concepto de Jesús sobre el rol femenino. Marta se ha quejado con Jesús porque su hermana María no está sirviendo sino aprendiendo. Es natural que en una cultura en la que se esperaba que las mujeres sirvieran, lo que Marta demanda tenía sentido. Sin embargo, Jesús hace una afirmación contracultural al señalar que María al elegir aprender de Él ha optado por un elemento de suma prioridad que no le será quitado. Por su parte, Marta también es utilizada por Jesús en un relato posterior para afirmar uno de los fundamentos del cristianismo: "Yo soy la resurrección y la vida; el que cree en mí, aunque esté muerto, vivirá" (Juan 11:25). En resumen, las mujeres recibieron de Jesús un trato digno y respetuoso; sin importar que fueran prostitutas, extranjeras, enfermas, despreciadas o abandonadas, todas recibieron su atención y dignificación. La pregunta reflexiva que debemos responder es ¿por qué los que decimos ser seguidores de Jesús no hacemos lo mismo con ellas hoy? ¿En qué momento olvidamos que la mujer es imagen de Dios igualmente que el hombre, y por tanto, poseedora de valor y dignidad? En el siguiente apartado haremos un breve resumen de los componentes de la feminidad bíblica, precisamente para ayudarnos a valorar a la mujer en su rol femenino.

III. Componentes de la Feminidad Bíblica

En la sección anterior, establecimos una serie de razones que enfatizan la necesidad de definir y desarrollar una feminidad bíblica. Para ello, reflexionamos sobre algunos textos que resultan útiles para la edificación de la iglesia en asuntos de feminidad. Debemos recordar que cuando el apóstol Pablo instruye a Tito cómo debe edificar una iglesia que ilumine con el evangelio en una sociedad tan perversa como era Creta, le pide asegurarse que las mujeres mayores transmitan el corazón y los hábitos de una feminidad piadosa a las mujeres más jóvenes (Tito 2:3-5). Por ello, las mujeres cristianas, deben incluir los fundamentos de la feminidad bíblica en la educación de las nuevas generaciones y ser mensajeras de los componentes que definen el rol de la mujer según la Biblia. Los tres componentes que veremos a continuación son una propuesta muy general; sin embargo, muestran la esencia de la feminidad bíblica a partir de la *sumisión, sabiduría y santidad*. Sin duda, el entendimiento y aplicación de estas *Tres "S" de la Feminidad* pueden hacer una real y necesaria diferencia en la manera de entender y ejercer la feminidad en nuestro tiempo actual.

1. *Sumisión*. El primer componente de la belleza del rol femenino es su llamado divino a someterse (Efesios 5:22; I Pedro 3:1). Dios ha creado a la mujer con la disposición de responder positivamente a ser dirigida. La belleza de la feminidad bíblica se exhibe con una actitud de respeto a los demás y estima gozosamente la línea de la autoridad que ha sido establecida por Dios (I Corintios 11:3). Una mujer sumisa responde como lo hizo María al decir: "He aquí la *sierva* del Señor; hágase conmigo conforme a *tu palabra*" (Lucas 1:38). En contraste, la Biblia también muestra la actitud de la mujer obstinada en cuya mentalidad no hay espacio para la sujeción, y por tanto, no se somete a su propia cabeza (Proverbios 9:13). Muchas mujeres luchan con el llamado bíblico de ser sumisas, pues se necesita fuerza y humildad para someterse; sin embargo, esto no es una meta que no puedan alcanzar. La mujer cristiana debe ver y escuchar a Cristo; él se humilló y se sometió a la voluntad del Padre, incluso hasta el punto de su propia muerte (Juan 6:38). La Biblia muestra que Él no estimó ser igual a Dios como cosa a que aferrarse, sino que se sometió gozosamente y responsablemente a la voluntad del Padre (Filipenses 2:1-11).

Si nuestro Señor Jesucristo se sometió, ¿por qué sigue siendo tan difícil para las mujeres hacerlo? Lamentablemente, debemos reconocer que la sociedad pagana actual les hace creer que la sumisión denigra su feminidad; pero la iglesia también es responsable porque existe carencia de una verdadera formación en cuanto a la sumisión, no se está enseñando ni modelando la sumisión bíblica en muchas congregaciones cristianas. Y esta es una de las mayores deudas que la iglesia tiene con las mujeres, pues la falta de enseñanza trae consigo una visión errada de la sumisión bíblica y produce una generación de mujeres que llegan al matrimonio sin saber adecuadamente lo que es someterse y tampoco pueden identificar lo que no es la sumisión. Por otra parte, la falta de modelaje también causa un impacto significativo pues las nuevas generaciones de mujeres jóvenes deberían tener en la iglesia un espacio de formación más vivencial. Desafortunadamente, vivimos en una época en que se violan deliberadamente los límites del rol bíblico femenino aún en el ámbito eclesiástico. Queriendo escapar de la supuesta denigración se ha caído en errada feminización. Por ello, a continuación trataré de señalar en forma concisa lo que no es la sumisión, con el propósito que la mujer cristiana no huya del concepto y menos del ejercicio de este rol que no la denigra sino que dignifica su estatus de sierva del Señor.

Sumisión no es concertación. La sumisión no implica que la mujer estará de acuerdo con su esposo completamente en todo y que deba cambiar su forma de pensar para concertar con él. En secciones anteriores señalamos la belleza de la idea bíblica de complementarse el uno con el otro; el matrimonio se enriquece con las diferentes ideas que ambos traen a esta relación, puntos de vista diferentes que luego se vuelven insumos para la toma de las decisiones en pareja. Sin embargo, aunque la mujer no deba estar de acuerdo en todo con su esposo, ella debe expresar sus ideas u opiniones con respeto, reconociendo que él es la cabeza idónea puesta por Dios en el hogar. Esto implica reconocer que la función del liderazgo le ha sido concedida al esposo, pero la mujer como ayuda idónea comparte sus opiniones confiando que él tomará la mejor decisión con la guía del Señor y sujetándose gozosamente a lo que su esposo decida, pues en ello se espera el bienestar mutuo.

Sumisión no es incapacidad. La sumisión no implica que la mujer dejará de utilizar su capacidad de pensamiento a partir del matrimonio. Por mucho tiempo se ha creído que la sujeción es apagar el cerebro femenino, dejar de producir ideas, abandonar el ejercicio de sus habilidades y dejarlo todo en manos del esposo. Esto no sólo es incorrecto, sino que es anti-bíblico. La Biblia muestra en Proverbios 31 a una mujer ejemplar e inteligente que piensa, actúa, trabaja y utiliza todas las capacidades que Dios le ha dado para traer honor al nombre de su Señor y honra a su esposo. De hecho, esta la perspectiva adecuada del uso de los dones y habilidades femeninas; la esposa pone a disposición del liderazgo de su esposo todo lo que ella puede hacer para servirlo a él en la labor que Dios le ha dado de ser el líder de la casa. Ella conoce su rol femenino y ejerciendo sus capacidades para desarrollarlo, también está cumpliendo su papel de ayuda idónea para su esposo.

Sumisión no es desacato. La sumisión no implica que la mujer olvide que su primera sumisión se debe a Dios, por tanto, la sumisión a su esposo no significa que deba aprobar u apoyar actos pecaminosos que deshonran el nombre del Señor y son contrarios a su santa Palabra. Por ello, la esposa cristiana debe procurar someterse a Dios primero y no aceptar nada que sea contrario a lo establecido en las Escrituras, porque si una esposa se somete a su esposo por encima de la sumisión a Dios esto sería un pecado de desacato, es decir, un acto pecaminoso de irreverencia ante la sagrada autoridad que le corresponde a Dios solamente. Es muy probable que este aspecto de lo que no es la sumisión está siendo poco visibilizado pues muchos círculos cristianos caen en este extremo queriendo llevar a la esposa a una obediencia ciega con su esposo. Es cierto, someterse a él incluye tener una actitud obediente pero nunca en aquello que deshonre a Dios (Hechos 5:29-31).

Sumisión no es exoneración. La sumisión no implica que la mujer ponga sobre su esposo la responsabilidad de su propio crecimiento espiritual. Si el esposo en su papel de líder no toma la iniciativa del devocional familiar, esto no significa que la esposa no lea la Biblia, tampoco que no ore si el esposo no lo hace. La mujer cristiana tiene una relación que es primaria, incluso antes que la relación con su esposo, y esa es su relación con Dios. Por tanto, ella como creyente, aunque esté casada y sujeta al liderazgo de su esposo, deberá cumplir con su responsabilidad de crecer a través de las disciplinas espirituales de leer la Biblia y orar con frecuencia. El mandato bíblico del Señor a que le conozcamos, amemos y crezcamos es para todos tanto para el esposo y la esposa (Efesios 4:13). La mujer cristiana debe cultivar su vida espiritual y no dejarlo sobre los hombros de su esposo pues sería un acto de exoneración, es decir, una actitud pecaminosa de auto-liberarse de su obligación de crecer hacia la madurez en Cristo. Aunque es cierto que el esposo cumple el rol de sacerdote en la familia y debe promover las disciplinas espirituales en el hogar, si eso no ocurre, la esposa no debe permanecer pasiva ante tal situación; ella debe tomar el compromiso de orar para que Dios mueva el corazón de su esposo hacia esa dirección.

2. Sabiduría. El segundo componente de la belleza del rol femenino es su llamado divino a ser sabia. La sabiduría es una virtud que la mujer debe aplicar particularmente en sus actividades dentro del hogar. El apóstol Pablo recomendó que las mujeres deben ser "cuidadosas de su casa" (Tito 2:4-5). Al examinar este pasaje en su idioma original nos enteramos que su traducción está orientada a ser *amadoras del hogar*. La mujer casada no solo vive en una casa con su familia; ella edifica un verdadero hogar. Por mucho tiempo se ha sostenido la idea errada que las cosas de la casa no tienen relación con la fe, pero es en el contexto del hogar que ocurren las relaciones verdaderamente espirituales en la vida. Por ejemplo, la influencia más duradera sobre las futuras generaciones procede del hogar. Uno de los pasajes que muestran este componente con claridad es Proverbios 14:1 que expresa: "La mujer sabia edifica su casa; más la necia con sus manos la derriba." No debemos olvidar que Proverbios es uno de los libros sapienciales de la Biblia, y por tanto, debe ser interpretado como tal. No contiene mandamientos o promesas; más bien, es sabiduría práctica para la vida diaria que suele presentarse con lenguaje figurativo.

Así pues, para apreciar la enseñanza de Proverbios 14:1 nuestra interpretación debe ser necesariamente en sentido relacional y espiritual. De esTa forma, la "casa" no representa la construcción de un edificio físico con paredes y techo, más bien, indica la *edificación de un hogar* y este es el enfoque del llamado a una feminidad sabia. Pero se debe reconocer que este enfoque es utilizado erróneamente por algunos cristianos que desean ver en la Biblia un inventario de cosas que la mujer sabia debe hacer y otras que no debe hacer. La Biblia es un texto sagrado que trata sobre la vida y obra de Cristo; Él quiere conformarnos a su imagen. Por tanto, si Cristo desea que seamos como Él, el pasaje de Proverbios 14:1 tiene mucho más que ver con lo que la mujer sabia debe "ser" en lugar de lo que ella debe "hacer" porque lo que se es produce lo que se hace.

Claro que para las mujeres sería mucho más fácil cumplir con un inventario de cosas, pero la sabiduría bíblica no sólo consiste en eso. Una mujer sabia es aquella que busca principalmente conocer a Cristo y permanecer en su Palabra para ser como Él. Una mujer sabia es aquella que se enfoca en el corazón porque es el origen de sus decisiones; ella entiende que no es lo que viene de afuera lo que la contamina, sino lo que sale de ella (Mateo 15:11). Un corazón y una mente llenos de las Escrituras y de amor por Dios producen la sabiduría que la mujer necesita para todas las áreas de la vida diaria. La sabiduría que una esposa debe aplicar en el hogar también se nota en las enseñanzas del Nuevo Testamento. Por ejemplo, Jesús utiliza frecuentemente elementos cotidianos para enseñar verdades espirituales. Una de sus parábolas que contiene paralelismos evidentes con Proverbios 14:1 es la que encontramos en Lucas 6:46-49. En este pasaje, Jesús mismo es quien explica la enseñanza y con base a ella, en los siguientes apartados notaremos tres consejos aplicados a la sabiduría femenina en la edificación del hogar.

Sabiduría no es apariencia. Nótese que Jesús no enfoca su narrativa sobre las dos casas en sí mismas; él no señala alguna diferencia por el tamaño, la belleza arquitectónica e incluso la utilidad de la casa. Entendemos que la casa del hombre insensato no pereció por ninguna de estas razones, porque para Jesús lo importante no es la apariencia de la casa, es decir, los hábitos visibles de una familia. Así mismo, pensar en la mujer sabia que edifica su casa, no debe limitarnos a pensar en alguien que organiza bien las cosas del hogar, que es puntual en llevar los niños a la escuela o callada en su forma de actuar. Tampoco la mujer necia debería ser entendida como aquella que no asiste a la reunión de mujeres, aquella que no prepara la ropa de su esposo a tiempo, o que habla demasiado. La razón es que si nos basamos sólo en estos rasgos estaremos considerando sólo los hábitos visibles y éstos son secundarios en el concepto mismo de Jesús. Dos hogares pueden verse diferentes en hábitos diarios, y aun así tener el mismo fundamento. De igual forma, dos hogares pueden verse casi idénticos en sus prácticas familiares, pero estar asentados sobre fundamentos muy diferentes. La esposa cristiana no debe distraer su sabiduría por la apariencia, cosas secundarias que no representan la verdadera sabiduría bíblica.

Sabiduría es profundidad. Nótese que Jesús brinda su enseñanza entorno al fundamento de ambas casas. La razón es que el fundamento es lo más profundo de una edificación, es la sección que requiere más trabajo y esfuerzo, es una tarea lenta y difícil. Por esta razón el hombre insensato abandonó su compromiso y no quiso invertir su tiempo en algo que quedaría oculto. Es muy probable que la esposa cristiana piense que nadie verá cuánto le costará poner el fundamento de su hogar; sin embargo, Jesús mostró con el hombre sabio lo importante de cavar y ahondar. La mujer sabia que edifica su hogar invertirá mucho tiempo y esfuerzo en algo que nadie más verá, pues la sabiduría no se desarrolla en público sino en la intimidad, no es algo que se presume en las redes sociales sino que se construye en profundidad. Así que, Jesús parece responder a una gran pregunta en su parábola: ¿qué debería ser el gran fundamento del hogar de una mujer sabia? Sin duda, la vida de una mujer sabia se edifica sobre la Palabra de Dios; ella debe leerla, meditarla, aplicarla y compartirla. No basta tener una casa visiblemente bonita, debe tener un hogar profundamente sólido; y para ello se requiere la sabiduría de una esposa que cava muy hondo y establece la Palabra de Dios como fundamento de su vida y de su hogar; un fundamento que es seguro e inamovible.

Sabiduría es identidad. La esposa cristiana puede llegarse a sentir abrumada por las casas de otras mujeres que parecen muy bonitas y arregladas con poco esfuerzo. Sin embargo, la parábola de Jesús añade otro principio muy revelador en este sentido. Nótese que hubo algo que reveló la condición del fundamento de ambas casas. Jesús dijo: "Descendió lluvia, y vinieron ríos, y soplaron vientos, y golpearon contra aquella casa" (7:25). Son las dificultades de la vida cotidiana quienes se encargan de poner a prueba el fundamento de su hogar y de su propia vida. Nótese que ambas casas enfrentaron la misma serie de dificultades, es decir, no hay hogar que no enfrente las aguas de la dificultad, ninguna familia escapa de las pruebas. Lo que hace la diferencia es el fundamento y eso revela la identidad del hogar. Si el fundamento está sólido en la obediencia a la Palabra de Dios habrá victoria, de lo contrario, la ruina será grande para esa casa. Ahora bien, debemos afirmar que Proverbios 14:1 y Lucas 6:46-49 no ofrecen una fórmula para que la esposa sea una mujer sabia, pero enseñan claramente el mismo mensaje que el resto de la Biblia: ser sabia es una necesidad para una mujer que desea ser una sierva del Señor. Si anhela un hogar firme deberá prepararse para demostrar su feminidad sabia en las situaciones más adversas, pues en ellas quedará al descubierto la identidad de su fundamento.

3. Santidad. El tercer componente de la belleza del rol femenino es su llamado divino a vivir una vida santa. En principio, debemos decir que este es un llamado colectivo a toda la comunidad cristiana de la cual forman parte las mujeres. El apóstol Pedro nos recuerda que "…como aquel que os llamó es santo, sed también vosotros santos en toda vuestra manera de vivir; porque escrito está: *Sed santos, porque yo soy santo.*" (I Pedro 1:15-16). La frase "en toda vuestra manera de vivir" incluye sin duda la vida matrimonial; por ello de manera particular, la esposa debe mostrar una vida en santidad al ejercer su feminidad. Por supuesto, no existe una mujer demasiado santa, y nunca habrá una que imite a Cristo tan de cerca en su santidad; sin embargo, constantemente la Biblia hace un llamado para que los siervos de Cristo procuren vivir en santidad. Pero ¿qué es una vida santa? Para responder debemos iniciar nuestro argumento en Levítico 11 que introduce este concepto. Notamos que en el contexto de este pasaje Dios está formando al pueblo de Israel en una nación, un pueblo separado para Él, un pueblo diferente pero atractivo para bendecir a las naciones de la Tierra y reflejar a Dios en todo lo que es y en todo lo que hace. Notemos dos elementos que la esposa cristiana debe considerar en cuanto a la santidad.

La Santidad de Dios. En primer lugar, el llamado a la santidad es por causa del carácter santo de Dios; entendemos que la esencia de su santidad radica en que Él está separado de nosotros y diferente de todo lo que podemos imaginar. En el Antiguo Testamento se observa una escena muy ilustrativa; el profeta Isaías presenció a los ángeles alrededor del trono de Dios, y gritaban: "Santo, santo, santo es el Señor de los ejércitos; Toda la tierra está llena de su gloria" (Isaías 6:3). Nótese que Dios no es simplemente santo, él es tres veces santo. Al respecto, Jerry Bridges comenta que "Una triple repetición en hebreo indica el grado más alto posible o, como podríamos decir, la infinitud de la santidad de Dios... Infinito significa sin límites e inconmensurable. Sólo Dios es infinito, y Él es infinito en todos sus atributos gloriosos. Pero es sólo a su santidad que se le da la triple atribución: santo, santo, santo."[84] Esto confirma que la motivación esencial por la cual toda mujer debe vivir su feminidad en santidad es porque Dios es santo; esto se nota en forma clara y explícita en toda la Biblia. Por ejemplo, el libro de Levítico contiene una serie de regulaciones relacionadas a todos los aspectos de la vida: adoración, hábitos alimenticios, relaciones sexuales, maternidad, etc. Sin embargo, lo importante no era hacer o no estas cosas; esas regulaciones solo estaban apuntando y destacando lo más importante para Dios: debemos ser santos porque Él es santo.

Así mismo, el hogar es un ámbito en el que la mujer debe mostrar una vida santa; Dios ha establecido el matrimonio y los roles que el hombre y la mujer deben cumplir. Por tanto, la esposa cristiana no sólo debe entender que su principal motivación para la santidad es porque Dios es santo, sino que debe hallar gozo en ello. Pregúntese, ¿se goza usted en este llamado divino a la santidad? Su gozo es que, como Él es santo, usted puede ser santa. No olvide que este Dios Santo vive en usted; su vida le pertenece a Él, usted es su hija y Él quiere lograr su semejanza con Él. Pero, además, este Dios Santo es su justicia; lo cual nos recuerda que nuestra carne nunca será santa, pero el Santo vive en usted, y quiere expresar Su santidad a través de su feminidad. Dios es la fuente de toda santidad. En definitiva, aquello que nos aterra de la santidad de Dios resulta ser lo que

brinda la esperanza a toda mujer de que puede ser
santa, porque Él es un Dios personal. Él se dio a conocer a usted y vive en usted para que muestre Su
santidad a través de su feminidad. La perspectiva bíblica del matrimonio y el rol femenino están siendo
atacados por el mundo sin discriminación; así que,
el ejercicio de una feminidad santa que exprese la
santidad de Dios debe ser la respuesta más contun-
dente. ¡No hay mejor apologética que ésta!

La Santidad Práctica. Sin duda, luego de haber
considerado brevemente la santidad de Dios, usted
se pregunte en qué consiste la santidad de la feminidad. En esencia, debería mostrarse en la forma en
que se trata el pecado. Recuerde que el matrimonio
es un campo que no está libre de pecado; siempre
estamos sujetos a cometerlos. El asunto es cuál sería
su actitud como esposa cristiana frente al pecado,
pues eso define su santidad. No olvide que una de
las cosas que definen la santidad de Dios es Su forma
de ver el pecado, que es muy diferente de lo que vemos hoy. Lamentablemente, debemos reconocer que
incluso en el matrimonio cristiano se ha suavizado
la forma de ver el pecado; se mira como un comportamiento normal, aceptable, en muchos sentidos, y
lo hemos enterrado a tal grado, que muchas mujeres
no solo pecan sin pensar, sino que incluso les di-
vierte. Si considera que esto es una exageración, solo
permítame darle un ejemplo cotidiano. La televisión
es una fuente de pensamientos o acciones que nunca
se hubieran permitido en los hogares en otro tiempo.
Debemos añadir a esto la gran influencia de las redes
sociales y la cantidad de contenido que en ellas se
ofrece para consumir. Ahora, las cosas que alguna
vez pensamos que eran inconcebibles se han vuelto

entretenimiento y diversión. Pero lo más grave del asunto es que el pecado está siendo consentido, racionalizado y defendido por mucha gente que profesa ser cristiana. ¿Acaso hemos olvidado el sentido práctico de la santidad?

Si en algo la mujer cristiana debe tomar con seriedad su llamado a la santidad es en su rol de esposa. Dentro de sus funciones de ayuda idónea está mostrar al Dios santo en todo lo que ella es y en todo lo que ella hace. Por ello, la forma más eficaz de vivir en santidad es por medio de su testimonio como mujer cristiana. Así que, permítame brindarle algunas recomendaciones finales en dos áreas de su testimonio. *Primero: Testimonio Privado.* No hay mejor forma de mostrar su santidad en la intimidad de su hogar que manteniendo una relación saludable con Dios y su esposo. Esto significa vivir apartada, alejada y dedicada a servir al Señor y a su conyugue con respeto y dedicación. Aférrese a la oración en todo momento (Efesios 6:18) porque es el medio de gracia que permite saber esperar en Dios; pero no ore esperando una respuesta, que orar sea su respuesta. Sumérjase cada día en las Escrituras; recuerde que en ellas hallará luz y entendimiento (Salmo 119:130), en ellas encontrará todos los insumos necesarios para su preparación (II Timoteo 3:16-17). *Segundo: Testimonio Público.* Dios conoce su andar diario pero es necesario que su vida en santidad también sea procurada en el ámbito público (II Corintios 8:21). Esto significa mantener hábitos visiblemente honrosos que reflejen una feminidad santa en su forma de expresarse (Colosenses 4:6), en su manera casta y honrosa de vestirse (I Pedro 3:5) y por supuesto, en su forma de relacionarse con los demás (Romanos 13:7-8).

Conclusión

Hemos visto a la luz de las Escrituras el rol de la esposa como una figura de feminidad bíblica. En la primera parte consideramos la importancia de desarrollar una adecuada teología bíblica de la feminidad que le permita a la iglesia enfrentar la errada ideología feminista que la agenda liberal está promoviendo en la sociedad actual. Luego, en la segunda parte establecimos una serie de argumentos bíblicos que confirman la necesidad de fomentar una feminidad bíblica en las nuevas generaciones de mujeres. Finalmente, señalamos tres componentes esenciales del rol bíblico de la mujer: sumisión, sabiduría y santidad. Es cierto que el mundo post-moderno está ejerciendo una gran influencia sobre el rol de la mujer; sin embargo, no hay mensaje que dignifique a la mujer como lo hace el evangelio de Jesucristo. Como bien lo señaló Elisabeth Elliot: "El hecho de ser mujer no la hace una clase de cristiana diferente, pero el hecho de ser cristiana, sí la hace una clase de mujer diferente."[85] El evangelio es un mensaje redentivo y pactual que le recuerda a la mujer que fue creada a imagen de Dios, que cayó a causa del pecado, que Cristo la ha redimido por gracia y muy pronto gozará plenamente de su feminidad en la eternidad.

Preguntas de Estudio – Capítulo 8

Responda lo que se le indica en cada pregunta.
1. ¿Cuáles son los *dos efectos* que el feminismo radical y la crisis de la masculinidad han causado a la sociedad posmoderna?

2. La sumisión es un concepto muy mal entendido. Según el autor, ¿Cuáles son los *cuatro aspectos* que no es la sumisión bíblica de la mujer?

3. Según el autor, ¿Cuáles son los *dos peligros* evidentes que hacen necesario fomentar una feminidad bíblica en la presente generación y en las venideras?

4. ¿Cuáles son los *tres componentes* de la feminidad bíblica que el autor ofreció como una propuesta bíblica para las esposas.

Responda "Falso" o "Verdadero", según corresponda.

5. La actual *crisis de feminidad* reflejada en el rechazo hacia lo femenino es realmente un rechazo a la verdad, es un rechazo a Dios.

6. La Biblia no afirma que las mujeres son iguales a los hombres en *dignidad*, pues sólo han recibido un rol de ayuda para el hombre.

7. El evangelio es un *mensaje de igualdad* que permite a la mujer ejercer todas las áreas del ministerio, tal como lo puede hacer el hombre.

8. La *sabiduría* de la feminidad consiste principalmente en conocer a Cristo y permanecer en su Palabra para ser como él y obrar como él.

Reflexione con base al estudio de este capítulo.

9. ¿Qué opina sobre el llamado divino a una *feminidad santa*? ¿Cuáles son los aspectos del testimonio *privado* y el testimonio *público* que necesita reformar? Explique.

10. Según su opinión, ¿cómo están cumpliendo las mujeres cristianas el *rol bíblico de la feminidad* en la actualidad? ¿Qué sugerencias ofrece para mejorar? Comente.

Bibliografía

ADAMS, Jay E. *Matrimonio, Divorcio y Nuevo Matrimonio*. Barcelona, España: Editorial CLIE. 2008. (194 pp.)

BRIDGES, Jerry. *En pos de la Santidad*. Graham, NC. USA: Publicaciones Faro de Gracia. 2019. (158 pp.)

BROOMALL, Wick & Otros. *Diccionario de Teología*. Grand Rapids, MI: Libros Desafío. 2006. (651 pp.)

BLEDSOE, Jackie. *Los Siete Anillos del Matrimonio*. Nashville, TN. USA: B&H Publishing Group. 2016. (198 pp.)

BONHOEFFER, Dietrich. *Resistencia y Sumisión: Cartas y Apuntes desde el Cautiverio*. Salamanca, España: Ediciones Sígueme. 2018. (256 pp.)

CHAPMAN, Gary. *Las Cuatro Estaciones del Matrimonio*. Illinois, USA: Tyndale Español Publishers. 2013. (180 pp.)

CHIAVENATO, Idalberto. *Introducción a la Teoría General de la Administración*. México: McGraw Hill Interamericana. 2019. (386 pp.)

CHRISTENSON, Larry & Nordis. *La Pareja Cristiana*. Nashville, TN. USA: Editorial Betania. 2008. (178 pp.)

COLE, Christye. *Feminidad Bíblica*. Greenville, SC.

USA: Ambassador International Books. 2015. (37 pp.)

DEVER, Mark. *Masculinidad y Femineidad Bíblicas.* Washington, USA: 9Marcas en Español. < www.es.9marks.org/clases-esenciales-masculinidad-y-femineidad-biblicas >

DLE, *Diccionario de la Lengua Española.* 2020. < www.dle.rae.es >

DMUN, *Diccionario Médico Universidad de Navarra.* 2020. < www.cum.es >

ELLIOT, Elisabeth. *Dejadme ser Mujer: Let Me Be a Woman.* Barcelona, España: Editorial CLIE. 1988. (176 pp.)

GILLIS, Carroll. *El Antiguo Testamento: Un Comentario sobre su Historia y Literatura (Vols. 1-5).* El Paso, TX: Casa Bautista de Publicaciones. 1991. (497 pp.)

HARRISON, Everett F. *Diccionario de Teología.* Grand Rapids, MI. USA: Editorial Libros Desafío. 2006. (652 pp.)

HARVEY, Dave. *Cuando Pecadores dicen "Acepto": Descubriendo el Poder del Evangelio para el Matrimonio.* Medellín: Poiema Publicaciones. 2012. (187 pp.)

HEGEMAN, Cornelio. *Apologética.* Miami, FL: MINTS Ediciones. 2004. (93 pp.)

HEGEMAN, Cornelio. *La Apologética: Una Perspectiva Integral* Bogotá D.C., Colombia: Fundación IBRC. 2006. (137 pp.)

HENDRIKSEN, William. *Comentario al Nuevo Testamento: Efesios.* Grand Rapids, MI: Libros Desafío. 2006. (327 pp.)

HENRY, Matthew & Lacueva, Francisco. *Comentario Bíblico de Matthew Henry.* Barcelona, España: Editorial CLIE. 1999. (2000 pp.)

JONES, Robert D. *Restaurar tu Matrimonio: Sanidad después del Adulterio.* Glenside, PA. USA: Christian Counseling and Education Foundation. 2017. (20 pp.)

KELLER, Timothy. *El Significado del Matrimonio.* Nashville, TN. USA: B&H Publishing Group. 2017. (312 pp.)

LLOYD-JONES, Martyn. *El Matrimonio: Exposición de Efesios 5:22-23.* Versión Digital: < www.iglesiareformada.com > (84 pp.)

LUGT, Herbert Vander. *Divorcio y Nuevo Matrimonio.* Grand Rapids, MI. USA: RBC Ministries. 2009. (31 pp.)

LUTZER, Erwin. *La Verdad acerca del Matrimonio Homosexual.* Grand Rapids, MI. USA: Kregel Publications. 2015. (130 pp.)

MERCADO, Joselo. *El Matrimonio que Agrada a Dios.* Nashville, TN. USA: B&H Publishing Group. 2019. (164 pp.)

NEWHEISER, Jim. *Matrimonio, Divorcio y Nuevo Matrimonio: Preguntas Comunes, Respuestas Bíblicas.* Medellín, Colombia: Poiema Publicaciones. 2019. (387 pp.)

PAUL, Guillermo A. *En esto Creemos: Doctrina Básica.* Buenos Aires, Argentina: Editorial Publicaciones Alianza. 2013. (165 pp.)

PINK, Arthur W. *Los Pactos Divinos.* Tampa, FL.: Editorial Doulos. 2017. (455 pp.)

PIPER, John. *Pacto Matrimonial: Perspectiva Temporal y Eterna.* Illinois, USA: Tyndale House Publishers. 2009. (208 pp.)

PRINCE, Derek. *El Pacto Matrimonial.* New Kensington, PA. USA: Whitaker House Publishers. 2008. (191 pp.)

RAMÍREZ, Alonzo. *Los Estándares de Westminster.* San José, Costa Rica: Editorial CLIR. 2010. (352 pp.)

SCHERALDI, Cathy. *El Ministerio de Mujeres: Para bendecir la Iglesia Local.* Nashville, TN. USA: B&H Publishing Group. 2020. (192 pp.)

SCHUETZE, John D. *El Matrimonio y la Familia.* Milwaukee, WI. USA: Editorial North Western. 2009. (178 pp.)

SPROUL, R.C. *La Biblia de Estudio de la Reforma.* Sanford, FL. USA: Ligonier Ministries & Poiema Publicaciones. 2020. (2568 pp.)

SPURGEON, Charles H. *Sermones de Spurgeon – Volumen 2: Sermón 587*. México: Allan Roman Publicaciones. 2011. (1120 pp.)

STRONG, James. *Nueva Concordancia Exhaustiva de la Biblia*. Nashville, TN. USA: Editorial Caribe. 2002. (1536 pp.)

SWANSON, James A. *Diccionario de Idiomas Bíblicos: Hebreo*. Bellingham, WA: Lexham Press. 2014. (832 pp.)

SWANSON, James A. *Diccionario de Idiomas Bíblicos: Griego*. Bellingham, WA: Lexham Press. 2001. (337 pp.)

SWINDOLL, Charles R. *Matrimonio: De Sobrevivir a Prosperar*. Nashville, TN. USA: Grupo Nelson. 2007. (162 pp.)

TAYLOR, Richard S. *Diccionario Teológico Beacon*. Lenexa, Kansas, USA: Casa Nazarena de Publicaciones. 1994. (740 pp.)

THOMAS, Gary. *Matrimonio Sagrado*. Miami, FL: Editorial Vida. 2011. (304 pp.)

TUGGY, Alfred E. *Léxico griego-español del Nuevo Testamento*. El Paso, TX: Editorial Mundo Hispano. 2003. (1038 pp.)

VARELA, Juan. *Tu Identidad Sí Importa: Ser Hombre*. Barcelona, España: Editorial CLIE. 2014. (240 pp.)

VARELA, Juan. *Origen y Desarrollo de Ideología de Género: Fundamentos Teológicos de Matrimonio y Familia.* España: Alianza Evangélica Española. (80 pp.)

WOLF, Earl C. *Comentario Bíblico Beacon - Tomo 3: Literatura Poética y Sapiencial.* Lenexa, Kansas, USA: Casa Nazarena de Publicaciones. 2010. (672 pp.)

WILLIAMS, Gary. *Estudios Bíblicos ELA: La vida, la muerte y el amor (Eclesiastés y Cantares).* Puebla, México: Ediciones Las Américas. 1999. (139 pp.)

Apéndice 1
¿Cuándo se rompe el Pacto Matrimonial?

Reflexiones sobre Separación, Divorcio y Recasamiento

Marvin J. Argumedo

Introducción

Durante el recorrido de ocho capítulos que componen este curso, sin duda habrá notado que intencionalmente mi tesis ha sido proponer una serie de principios bíblicos para "*consolidar*" el pacto matrimonial; así que, naturalmente este intento no ha incluido algún apartado que muestre cómo enfrentar la "*ruptura*" de ese pacto. En parte, esto responde a que mi consideración es que un tema como este merece ser tratado con más amplitud en un curso por separado debido a su importancia y la serie de preguntas que giran a su alrededor. Sin embargo, este apéndice tiene la intención de ofrecer en forma breve pero concisa algunas reflexiones bíblicas y prácticas sobre la separación, el divorcio y las nuevas nupcias. Para ello, considero útil establecer un diálogo con las posturas de algunos autores, revisar los pasajes bíblicos más relevantes en cuanto a estos aspectos, y finalmente, ofrecer algunas conclusiones que puedan ser útiles a los casados en conexión a la perspectiva pactual del matrimonio que he ofrecido en este curso. El concepto bíblico del pacto no solo incluye bendiciones sino que además contiene maldiciones;

por tanto, si se desea abarcar integralmente el tema, también se deben señalar las consecuencias de desobedecer al pacto matrimonial.

Quizá para nadie es cómodo ni agradable tratar estos aspectos, al menos no lo es para mí; sin embargo, es una tarea necesaria cuando existe un compromiso con el cuerpo de Cristo y su crecimiento saludable. Sin duda, al tratar con esto desearíamos tener una forma de hacerlo sin tener que hablar de ello, pero no la hay. En el capítulo 5 del evangelio de Mateo vemos a Jesús predicando lo que ha sido considerado como el más grande sermón de su ministerio, y es muy significativo que él no haya obviado en ese sermón los asuntos más difíciles; por el contrario, los enfrentó y nos ha dado su sermón en forma escrita con el mandato de predicarlo. Él espera que nosotros hoy no tomemos la actitud de ignorar o subestimar la necesidad de responder bíblicamente ante la separación, divorcio y nuevo matrimonio. Hoy, como en otras épocas de la historia, la Biblia está indiscutiblemente bajo ataque por diversos motivos y desde diversos campos, pero Jay Adams considera que el ataque actual es un ataque diferente y muy particular porque "es más abierto, menos sutil, sobre la familia, forzando a la Iglesia a volver a la Biblia y renovar el estudio del matrimonio y el divorcio, que había sido descuidado durante tanto tiempo… [y] a menos que nos lancemos a mostrar lo que tenemos, los valores cristianos quedarán arrastrados. Y la próxima generación de cristianos va a crecer como los infieles, siguiendo sus sentimientos sobre estas materias, en vez de seguir sus responsabilidades bíblicas."[86]

I. Entendiendo la Ruptura Matrimonial

En el capítulo 5 del evangelio de Mateo, es Jesús quien habla y enseña sobre varios asuntos delicados. Particularmente, en los versículos 31 y 32 notamos las palabras de Jesús sobre el divorcio, uno de los problemas más extendidos en la cultura actual y que ha afectado grandemente a la iglesia cristiana. En este curso, he tratado de presentar el matrimonio como un pacto que implica un reto, pero a la vez, como lo más hermoso que Dios les permite a dos personas disfrutar juntos. Precisamente por ello, el matrimonio exige trabajo y esfuerzo de ambas personas, pues no es una relación fácil o superficial, sino una relación que con frecuencia trae consigo muchas y diversas tensiones. La ruptura de la relación matrimonial es seria, no solo porque acaba con relaciones duraderas sino porque afecta a muchas personas. El divorcio duele, divide y deja huellas permanentes. Así que, no debe sorprender que Jesús haya tratado con tanta seriedad un asunto como este. Pero, ¿por qué es tan serio el divorcio? Jim Newheiser considera que la seriedad del divorcio radica en que revela una condición de pecado pues "todo divorcio ocurre por causa del pecado, aunque las dos partes no tengan el mismo nivel de culpa."[87]

En nuestros días, la seriedad del asunto también puede medirse a partir de las estadísticas muy altas que los casos de divorcio han alcanzado, tanto que la mayoría de personas se ha visto afectada de alguna manera por una ruptura matrimonial, directa o indirectamente, reciente o anteriormente, sea en la familia inmediata, la familia extensa o entre amigos íntimos. Lo cierto es que el divorcio parece haberse insertado en el propio tejido social y el mundo lo ha adoptado respondiendo con una naturalidad preocupante. Quizá una de las expresiones significativas de esta respuesta sea el llamado *"divorcio sin culpa"* por el que se pretende asumir que el matrimonio simplemente no funcionó y nadie tiene la culpa de esa situación. La ideología secular detrás de esta perspectiva es que la asignación de culpa sólo incrementa el dolor en las personas, por lo tanto, es mejor no preocuparse por lo inevitable. Por supuesto, esta actitud escapista es opuesta al criterio bíblico que nos manda a enfrentar la condición de pecadores, reconocerlo, arrepentirse y vivir una vida piadosa. Pero las perspectivas erradas no quedan limitadas a ésta; también al interior de la iglesia se notan grupos que apoyan aparentes excepciones y enseñanzas matizadas, tomando con simplicidad la declaración bíblica que Dios odia el divorcio literalmente. Tales sectores del cristianismo afirman que el divorcio simplemente no es opción para el cristiano, y que si el divorcio ocurre, no está permitido volverse a casar. Quizá parezca una posición más simple, pero se debe cuestionar si es fiel a la Palabra de Dios.

Un acercamiento responsable a las consecuencias de la desobediencia al pacto conyugal debe iniciar entendiendo el contexto de dolor inevitable que se causa por un divorcio y se prolonga con el paso del tiempo. Para entender esto, quizá sea necesaria la comparación entre las formas de finalización de un matrimonio. Por ejemplo, habrá notado que cuando el matrimonio termina por la muerte de uno de los cónyuges hay un funeral, las familias y amigos están presente en el memorial, durante algún tiempo la iglesia continúa orando por quien queda en vida y por el resto de la familia; esta aflicción y dolor se entiende, pues nadie debe pedir disculpas por la muerte. Pero cuando se acaba el matrimonio por causa del divorcio, el panorama es indiscutiblemente diferente. El divorcio es un asunto desprovisto de todo honor. La iglesia no hace servicios especiales por los divorciados, ni se elevan rogativas para orar por esta pérdida, las familias no se reúnen para participar de este suceso como algo que no quisieran perderse. Es probable que quienes han enfrentado esta situación directamente hubieran preferido que su matrimonio acabara por la muerte de alguno y no por el divorcio. El duelo por un cónyuge suele superarse con el tiempo y continuar; pero el daño ocasionado por un matrimonio abortado, se queda para siempre.

El entendimiento de las causas de una ruptura matrimonial debería conducir a la iglesia a una reflexión hacia el interior. Sucede que en gran parte el divorcio entre cristianos se debe a que la imagen transmitida del matrimonio no responde a la figura bíblica de pacto, sino a una idealización de gozo y felicidad total tomada del mundo. Así que, el resultado natural y doloroso es un desencanto que deriva en muchos divorcios. Buena parte de las parejas jóvenes no ponen la debida atención al hecho real y comprobado que todos los matrimonios se enfrentan a conflictos, malos entendidos, falencias y diferencias, de tal manera que, todo matrimonio real cuando es medido con alguna vara de gozo y felicidad idealista, siempre resultará corto. En consecuencia, cuando la pareja no encuentra aquella relación que esperó, ni los resultados que se estimó, las vidas de ambos se quiebran y fácilmente se decide abortar el matrimonio. Por supuesto, en esta era de la información las redes sociales y los medios de comunicación tienen un gran potencial de influencia que abona en difundir una idea errada del matrimonio como la tierra de magia y fantasía; pero la Biblia nos informa que el matrimonio está lejos de ser fantasía, es un pacto real.

Las declaraciones de Jesús en el pasaje de Mateo 5, nos recuerdan que el matrimonio tiene el propósito de ser algo especial y que debemos tratarlo de esa manera. Él dice que no debemos permitir que nuestros matrimonios se rompan. Nótese con especial atención que en el contexto de este pasaje hay un tema consistente en este sermón de Jesús que ayuda a entender los asuntos que él trata, incluido el divorcio. En seis ocasiones utiliza la frase *"oísteis que fue dicho... pero yo os digo."* Con esto, Jesús no está contradiciendo la ley del Antiguo Testamento sino que explica el verdadero significado de ella. Respecto al divorcio, el contexto hace pensar que no ha habido tiempo en que el divorcio haya sido más extendido que hoy, que en tiempos de Jesús. Los fariseos habían tomado la ley y la habían utilizado a su manera, a tal grado que solían llevar los certificados de divorcio consigo y si la esposa cometía algo que les desagradaba, tomaban el certificado y se lo entregaban. Hacían esto sin tener que acudir a una corte judicial, simplemente entregaban el certificado de divorcio y luego se justificaban de haberlo hecho cumpliendo la ley. Es entonces cuando Jesús les explica que ese no era el propósito de la ley, pues era ilícito si alguien se divorcia de su esposa por cualquier otra razón que no sea la infidelidad sexual.

II. Principios Bíblicos Esenciales

Ahora que hemos establecido un breve entendimiento sobre la ruptura matrimonial, es necesario definir una base argumentativa para responder bíblicamente. Ciertamente el divorcio es parte de la cultura actual pero debe entenderse como un hecho engañoso; no se trata de un acto solitario sino de toda una serie de eventos, una cadena que a veces nunca termina. El tratamiento adecuado inicia desde aspectos básicos como la forma de referirnos a los involucrados; en el campo de la consejería, Robert D. Jones aclara que "hay varias formas de identificar a los cónyuges (por ejemplo, traidor y víctima, culpable e inocente)… [sin embargo] el uso de "*ofensor*" y "*ofendido*" pretende enfocarse en el arrepentimiento y el perdón para reconstruir el matrimonio."[88] El enfoque de *ofensa* es más consistente con el principio bíblico de la santidad de Dios (I Pedro 1:15-16; Hebreos 12:14) puesto que conduce a reconocer el pecado hacia Dios y hacia el pacto matrimonial con el cónyuge. En general, existen tres pasajes en el Nuevo Testamento que tratan en forma amplia el divorcio y el nuevo matrimonio, estos pasajes son: I Corintios 7, Mateo 5 y Mateo 19. No se pretende aquí un estudio exhaustivo de ellos, pero se considerarán sus elementos básicos. En los siguientes apartados, se ofrecen cuatro principios bíblicos que resultan esenciales para el tratamiento de la separación, el divorcio y el recasamiento.

Principio 1: El Matrimonio es Permanente

Si algo está claro en las Escrituras es que el deseo de Dios al establecer las normas del pacto matrimonial lo hace pensando en una relación permanente, en consecuencia, Dios aborrece el divorcio y no hay duda al respecto. Pero esto merece toda nuestra atención conceptual porque Dios no aborrece a los divorciados, sino el divorcio. La Biblia aclara desde el principio que el hombre "dejará a su padre y a su madre, y se unirá a su mujer, y serán una sola carne" (Génesis 2:24). Pero además se nos dice que "...la mujer casada está sujeta por la ley al marido mientras éste vive; pero si el marido muere, ella queda libre de la ley del marido. Así que, si en vida del marido se uniere a otro varón, será llamada adúltera; pero si su marido muriere, es libre de esa ley, de tal manera que si se uniere a otro marido, no será adúltera" (Romanos 7:2-3). Nótese que la evidencia bíblica es clara: el matrimonio debe ser permanente. Este es el plan de Dios, es lo que él desea realmente para todos; un hombre y una mujer unidos de por vida. Sin embargo, ya que vivimos en un mundo real y no en un mundo idealista, este propósito no siempre se llega a consumar en todos los matrimonios, por razones que veremos más adelante.

¿Por qué Dios aborrece el divorcio? En principio, necesitamos entender que Dios lo odia, pero no con una actitud de distanciamiento o mero fariseísmo. Él odia el divorcio de la misma manera que una persona divorciada lo odia; así que, no es el odio de un tercero desinteresado, sino de alguien que conoce personalmente el dolor del divorcio. Y esto es así porque en la narrativa bíblica, Dios mismo se identificó como un divorciado (Jeremías 3:6-8; Isaías 50:1). Él sabe lo que significa ser traicionado y abandonado, por eso no trata el asunto desde la distancia sino desde la experiencia. Ahora bien, esto no significa que el divorcio sea una invención suya, como lo es el matrimonio. Jay Adams señala que "el divorcio es una institución humana. Los datos disponibles (bíblicos) muestran que aunque el divorcio es reconocido, permitido y regulado en la Biblia, al contrario del matrimonio, no fue instituido por Dios... Él no originó el concepto como parte de su orden para la sociedad. Los comentarios de Jesús sobre el divorcio corroboran esta conclusión. En vez de hablar del divorcio como parte del orden divino, Jesús reconoce específicamente que constituye un cambio: 'Pero no fue así desde el principio' (Mateo 19:8)."[89]

Indiscutiblemente, Dios aborrece el divorcio y el lugar para comenzar cualquier tipo de reflexión es su propia declaración al respecto: "Yo aborrezco el divorcio, dice el Señor, Dios de Israel..." (Malaquías 2:16, NVI). Sin embargo, con alguna frecuencia cuando se habla de este pasaje de Malaquías, se piensa que Dios es cruel por su falta de compasión para comprender el divorcio. Pero olvidamos que Dios lo aborrece porque conoce el dolor que trae esa ruptura del pacto matrimonial. Él lo aborrece porque no quiere que nuestra vida sea mezclada entre dos familias e historias diferentes. Él lo aborrece porque ve el dolor de los recuerdos de dos vidas que ya no se compartirán, la agonía que resulta de la ruptura de una relación sellada por un pacto de consagración mutua. No lo aborrece porque nos aborrezca sino precisamente porque nos ama y quiere que vivamos el gozo de guardar su pacto. En definitiva, Dios aborrece el divorcio porque él aborrece todo lo que nos destruye. Por ello, cuando una pareja está caminando hacia el matrimonio debe saber que lo hacen para siempre; este no es un intento para la felicidad de alguno, sino un pacto mutuo y divino. El matrimonio fue concebido por Dios para una relación permanente, y en primera instancia, el esfuerzo debe estar encaminado a mantenerlo sin disolución.

Principio 2: El Divorcio es Permitido

Debemos iniciar reconociendo que hoy, igual que en tiempos de Jesús, existe variedad de opiniones entre pastores y teólogos sobre el divorcio y el recasamiento. Algunos están de acuerdo en que la Escritura no permite el divorcio ni el nuevo matrimonio bajo ninguna circunstancia, entre ellos James M. Boice y John Piper. Otros consideran que el divorcio es permitido en pocos casos, pero que no es correcto volverse a casar. Un buen grupo ha apoyado el divorcio bajo excepciones, entre ellos John Murray, David Jeremiah y John MacArthur. Por su parte, la mayoría de teólogos reformados, sostienen que el divorcio y el nuevo matrimonio están permitidos en casos limitados (el pecado sexual y el abandono de un no creyente), pero no hay consistencia en la forma de determinar estos casos. Existe una buena cantidad de libros y artículos escritos por estos autores, incluso algunas publicaciones[90] reúnen las diversas posiciones en un solo ejemplar. Puede resultar muy agobiante revisar todo ese material producido, pero lo cierto es que cada una de estas perspectivas ha utilizado las Escrituras para llegar a sus conclusiones. Así que, nuestra reflexión será a partir de la Biblia, permitiendo que ella nos guie.

Probablemente ante las diversas opiniones que existen, uno se pregunta ¿es tan difícil entender bíblicamente el divorcio? En palabras sencillas, el divorcio es la *disolución* de un matrimonio; pero si consideramos seriamente nuestra perspectiva pactual, que es bíblica, entonces el divorcio no es cualquier disolución. Quizá por ello resulte difícil que exista consenso sobre su prohibición o permisión. En todo caso, la propia opinión bíblica es que el divorcio es permitido. Sin duda, para algunos cristianos esto es conocido pero otros quizá se sorprendan al enterarse de esto porque creen firmemente que Dios odia el divorcio. Eso es cierto, lo indicamos antes, Él lo aborrece; pero Jay Adams ha explicado que "Dios no aborrece todos los divorcios de la misma manera ni aborrece cada aspecto del divorcio. Él aborrece lo que ocasiona *todo* divorcio... Él aborrece los *resultados* que con frecuencia resultan de él... Él aborrece los divorcios obtenidos *impropiamente* sobre bases que Él no sanciona."[91] Así que, cuando decimos que el divorcio es permitido nos referimos a aquellos que han sido motivados y consumados por razones válidas. La Biblia registra solamente dos razones como causales válidas para el divorcio: a continuación trataremos de reflexionar brevemente en ellas con un enfoque conciso y práctico.

La primera razón es el *pecado sexual* y Jesús se refiere a ella en Mateo 5:31-32, de tal manera que es posible y permitido que un creyente se divorcie si la razón es una relación inmoral de la que no se han arrepentido, el fracaso es repetido de parte de uno de los cónyuges y no hay disposición de arreglar el asunto. Nótese que la Biblia no dice que cuando haya inmoralidad sexual existe obligación de recurrir al divorcio. Muchas parejas han enfrentado la infidelidad y la persona que las ha cometido se arrepiente del pecado, pide perdón y después de un período de restauración, el pacto matrimonial se consolida y la pareja llega a conocer el gozo que Dios quería que tuvieran. Pero ciertamente esto no es fácil y no siempre sucede con todas las parejas; Robert D. Jones considera que "la infidelidad de los cónyuges puede hacer añicos su mundo y trastornar sus vidas. Pero el verdadero fundamento de la vida cristiana no es el cónyuge, el matrimonio o las bendiciones que traen. Nuestra vida está edificada en Cristo. Sin embargo, la infidelidad desafía esa verdad. Grita que la vida está acabada, que todo lo que es precioso se ha ido, que ya no existe esperanza."[92] Al igual que Jones, otros consejeros cristianos opinan que quizá no haya algo que ponga a mayor prueba un matrimonio como una relación de infidelidad; pero afirmamos que la gracia de Dios es suficiente para restaurar una relación dañada por la infidelidad, si el ofensor se arrepiente y pide el perdón.

Pero si no hay disposición para la reconciliación, también existe una solución. La Biblia dice que en una relación matrimonial en la que ambos son creyentes, si alguno de ellos se involucra en infidelidad sexual, no se arrepiente o comete repetidamente la ofensa sin ningún cambio, esta infidelidad deja en libertad a la otra persona para que pueda haber un divorcio. Es necesario resaltar que una razón por la que Jesús trata con franqueza y dureza el asunto del divorcio es porque en muchos de los pecados que cometemos, los afectados mayormente somos nosotros mismos con efectos residuales en los demás; pero en el divorcio, siempre hay dos o más personas directamente afectadas. Las normas del divorcio y nuevo matrimonio que ofrece la Biblia tienen el propósito claro e intencional de proteger al otro en la relación, al que no ha violado el pacto matrimonial.

Siempre se dice que hay dos personas que intervienen en la ruptura de una relación pero hay muchas ocasiones en las que hay un cónyuge consagrado y el otro es quien viola el pacto. Es para la que guarda el pacto que las normas bíblicas del divorcio ofrecen protección. Así que, claramente la Biblia enseña que cuando el ofensor viola el pacto matrimonial, no se arrepiente y no pide perdón, incluso si el ofendido decide que no puede lidiar con el asunto por lo que ha sucedido, el ofendido tiene permitido el divorcio.

La segunda razón válida es el *abandono* y a esto se refiere el apóstol Pablo en I Corintios 7:15. En este pasaje no se utiliza la palabra abandono sino el término *separación*. Quizá esto merece una breve explicación ilustrada. Piense en una pareja que ha estado casada por varios años, no son creyentes, y por lo tanto, nunca han mantenido alguna disciplina espiritual. La mujer comienza a asistir a una iglesia y luego de algún tiempo recibe a Cristo. Al llegar a casa comenta con gozo a su cónyuge lo sucedido, pero la noticia es recibida con disgusto. Naturalmente, la vida y los valores de esta mujer cristiana ahora han cambiado. Ella se esfuerza por cumplir sus compromisos en el matrimonio con una actitud de respeto y sumisión; sin embargo, después de un tiempo, el cónyuge inconverso le dice que no quiere estar casado con una creyente y que ha decidido irse de la casa. La Biblia dice claramente que si este hombre se separa y no se divorcia de ella, no la sostiene económicamente y la abandona, ella tiene permitido divorciarse. Es un divorcio por abandono por parte del cónyuge no creyente. Pero aquí, al igual que en la primera razón válida, debemos indicar que la Biblia no dice que es obligación divorciarse, solo dice que le es permitido hacerlo. Ella también puede buscar la reconciliación.

El abandono es una situación que también se ha asociado, en algunos casos, al abuso y maltrato contra la mujer. Por ejemplo, algunos pastores como David Schuman creen que "el abuso puede ser una forma de deserción."[93] Un hombre puede imponer sobre su esposa tales condiciones intolerables que la fuerzan a irse de la casa. Schuman considera que ese abandono forzado tiene el mismo efecto que si el ofensor recoge sus maletas y se muda para nunca regresar. Este enfoque concibe que el abuso en la pareja nunca es culpa del ofendido, pues solo el ofensor es responsables de tales acciones. Nunca el abuso es algo que merezcan las personas, sin importar lo que el ofendido haya o no haya hecho. En tales condiciones, la búsqueda de ayuda y consejo pastoral es muy necesario. Con esto, se cierran las únicas dos razones posibles y válidas en que la Biblia permite pero no obliga al divorcio. No hay ningún lugar en que se indique la incompatibilidad u otro motivo como razón válida para el divorcio. Jim Newheiser ofrece una lista[94] de razones que se usan popularmente para divorciarse que no son bíblicas, entre ellas: tener un conyugue no cristiano, falta de romance conyugal, expectativas no alcanzadas, etc. La lista de argumentos superficiales que el mundo actual utiliza puede ser amplia, pero la Biblia solo registra dos razones válidas para la disolución del matrimonio con el divorcio.

Principio 3: El Divorcio no es Permanente

Intencionalmente este principio trata de ser una antítesis al primero, en el sentido que si el matrimonio es permanente, el divorcio no lo es. Una personas solo debería divorciarse si tiene intención de casarse. Es probable que esto sorprenda a algunos cristianos pero no hay nada alarmante en esto; si una persona se ha divorciado de acuerdo a las condiciones bíblicas que ya hemos indicado, el único propósito del divorcio es poder volver a casarse. La única razón para el certificado de divorcio en la Biblia es que la persona tenga el permiso para buscar y hallar otro cónyuge con el cual pueda volver a casarse. Algunos sectores del cristianismo piensan que puede haber justificación para divorciarse pero quien lo hace no puede volver a casarse. Al respecto, Herbert Van Lugt señala que esta es una idea que "surgió en la época postapostólica cuando algunos de los padres de la iglesia empezaron a ver la sexualidad humana como un mal necesario, y exaltaban el celibato como el estilo de vida que más honraba a Dios. No sólo disuadían a la gente de casarse, sino que prohibían el nuevo matrimonio ya fuese después de un divorcio o de la muerte de un cónyuge."[95] Lo cierto es que tal idea no es lo que la Biblia enseña, pues si hay una razón válida y permitida para el divorcio, en consecuencia, hay justificación bíblica para volver a casarse. Porque si alguien no piensa casarse, entonces no debería divorciarse.

En este principio hay un sentido que no siempre se considera y es la posibilidad que las personas divorciadas pueden casarse nuevamente y no me refiero a nuevas nupcias con alguien más, sino que ellos mismos vuelvan a reconstruir su pacto matrimonial original. Es cierto que los casos de este tipo son escasos, pero los hay. Conozco un matrimonio de una pareja que estuvieron casados, tuvieron hijos y se divorciaron por razones válidas. Al paso de unos años, la gracia de Dios les permitió volver a unirse y ahora sirven al Señor con gozo y dedicación junto a sus hijos. ¿Pero qué sucede con la mayoría de casos? Con el paso del tiempo, al observar a la iglesia en este mundo real y caído en que vivimos, vemos la forma en que la gracia de Dios ha provisto una segunda oportunidad a personas que quedaron gravemente heridas por una relación matrimonial. No podemos ser ajenos al gozo que hoy disfrutan aquellos que siguiendo la norma bíblica válida para el divorcio, han encontrado a una segunda persona con quien han podido construir una relación matrimonial llena del amor y la dicha que Dios desea para todos sus hijos; eso también es reconocer la soberanía de Dios actuando en el matrimonio.

Principio 4: La Salvación precede a la Situación
Este último principio tiene la intención de no ignorar la gran cantidad de casos de parejas que vienen a Cristo con un pasado que incluye una o más relaciones matrimoniales que finalizaron en divorcio. No son pocas las iglesias que reciben este tipo de personas. Este es un segmento de la iglesia que merece ser considerado porque seguramente al conocer las normas bíblicas del divorcio puedan preguntarse si deben o no seguir viviendo juntos. En tales casos, las parejas no deben pensar de esa forma porque la Biblia es clara al indicar que cuando somos traídos a Cristo, debemos quedarnos en la situación en que Cristo nos encontró y avanzar al nivel que la gracia de Dios nos permita. El apóstol Pablo claramente indica que "cada uno permanezca en la condición en que estaba cuando Dios lo llamó" (I Corintios 7:20,

NVI). La situación previa de muchos cristianos tiene un trasfondo difícil y doloroso, pero es precisamente Cristo quien santifica su relación al venir a él. La preocupación en estos casos debe ser por la vida presente y futura, pues el pasado ha quedado redimido en Cristo, incluida la experiencia matrimonial previa. Sin duda, conocemos personas que son cristianos ejemplares a pesar que tuvieron un divorcio por una razón u otra, antes de conocer a Cristo. La única forma de entenderlo es que ciertamente Dios aborrece el divorcio porque ese no es su plan, pero lo permite en casos específicos porque sabe que somos seres con una naturaleza caída. Por ello, el Salmo 103 nos recuerda que Él conoce nuestra condición, se acuerda de que somos polvo. Ninguna situación previa está por encima de la salvación de un hombre o de una mujer cuando Cristo lo encuentra. A partir de ese momento es una nueva criatura.

III. Sugerencias Prácticas

La perspectiva sobre si el divorcio es pecado a veces parece muy extrema. Por un lado, el mundo cree que nunca lo es; por su parte, muchos cristianos creen que siempre lo es. Los cuatro principios que se han ofrecido en la sección anterior, tienen la intención de ofrecer criterios bíblicos básicos para entender que el divorcio no siempre es pecado para ambas partes involucradas. Nótese que en Mateo 19 hay enseñanza bíblica condenándolo pero también permitiéndolo. En algunos casos podría ser un pecado para ambos, pero a veces el divorcio es un acto de justicia para el ofendido. En todo caso, la respuesta de la iglesia ante el divorcio siempre debe ser con una actitud de *compasión y restauración*. Debemos mostrar un trato digno y cristiano a las personas que están enfrentando una ruptura de su pacto matrimonial; en esto, los pastores y consejeros matrimoniales tienen una tarea muy especial que cumplir procurando mostrar la compasión que nosotros hemos recibido de Cristo. A continuación, permítame ofrecer algunas sugerencias prácticas para mantener una actitud adecuada frente a la separación, el divorcio y el recasamiento en su contexto.

1. La ley de Dios no es para algunos, es para todos. Si fuera el caso que su matrimonio está en un buen estado de consolidación, sea agradecido con Dios y nunca de por sentado su triunfo presente. Lamentablemente, muchos al escuchar la enseñanza bíblica sobre el divorcio piensan que hay muchos que lo necesitan, menos ellos. Toda persona, si no fuera por la gracia de Dios, podría estar en este momento enfrentado el dolor y la angustia de una ruptura matrimonial. Así que, si Dios le ha bendecido con un buen matrimonio que ha sido estable por muchos años, que ha superado la crianza de los hijos y todas las cosas que suceden en el trayecto de la vida en pareja, lo primero que debe hacer es darle gracias a Dios por ello y reconocer que usted no es perfecto y su cónyuge tampoco, pero Dios les ha permitido tener ese maravilloso matrimonio. Porque si alguien tiene un buen matrimonio y no agradece, muy pronto podría olvidarse de las razones por las que su matrimonio es tan bueno como lo es; incluso, podría comenzar a presumir pecaminosamente ante otros matrimonios olvidando que nunca es bueno ponerse como modelos de vida (Proverbios 27:2).

2. *Evite juzgar a quien está luchando o ha sufrido un divorcio*. Debemos reconocer que en varias congregaciones cuando se trata de asuntos de divorcio, muchos cristianos han sido excepcionalmente buenos para matar a sus hermanos heridos, exhibirlos en público, colocarles contra el paredón y luego fusilarlos. Tal actitud olvida la enseñanza de Jesús en Mateo 7:1-5 diciendo que "con el juicio con que juzgáis, seréis juzgados, y con la medida con que medís, os será medido." Al respecto, Oswald Chambers dice que "esta declaración no es teoría al azar sino una ley eterna de Dios. Con el mismo juicio con que juzguemos seremos juzgados. Si hemos sido astutos para buscar las debilidades de otro, así será exactamente como se nos medirá. La manera en que pagamos, es la manera en que la vida nos pagará... ¿A quién de nosotros le gustaría estar delante de Dios y decir: Dios mío, júzgame como yo he juzgado a otros?"[96] Efectivamente, no tenemos derecho a señalar a nadie que enfrenta el divorcio y mucho menos juzgarlo, porque si no fuera por la gracia de Dios, estaríamos exactamente donde ellos están ahora. Así que, debemos tratarles con compasión a los que están atravesando una ruptura (Gálatas 6:1-2).

3. *Busque ayuda si el matrimonio sufre fracturas*. Quienes tenemos un auto, hemos adquirido la experiencia de saber que cuando hay algún ruido extraño es porque algo anda mal en el auto. Si decidimos ignorar esos ruidos, el daño suele ser más grave con el paso de los días. Así mismo, cuando el matrimonio presenta fracturas por la tensión, no se debe esperar hasta que forme un abismo entre la pareja. Mucha gente no busca ayuda porque cree que no lo necesita o no está preparado para sentarse frente al escritorio de su pastor y compartir lo que está sucediendo, otros quizá tengan vergüenza de confesarlo frente al escritorio de un consejero matrimonial para buscar el apoyo bíblico. Si eso es así y se acomoda en tal actitud, lo más seguro es que tarde o temprano va a tener que estar frente al escritorio de un abogado firmando un acta de divorcio. Se nota acuerdo entre los consejeros matrimoniales y los pastores en que la mayoría de consejerías son solicitadas por las esposas; las mujeres son quienes mayormente buscan una cita para que la pareja pueda hablar de lo sucedido y encontrar apoyo. El hombre en muy pocos casos toma la iniciativa. Realmente esto no tendría que ocurrir, pues el hombre es la cabeza, es el líder, y la persona que dirige está puesta para tomar acciones en tiempos difíciles, para tomar decisiones. No dude en hacer una cita para pedir ayuda lo antes posible. El consejo es un insumo necesario para la vida matrimonial (Proverbios 11:14; 12:15; 15:22).

4. *Prepárese integralmente si planea casarse*. Quizá le parezca extraño pero la mayoría de los divorcios iniciaron antes de la boda; la razón es porque las motivaciones que llevaron a la pareja al matrimonio no fueron las adecuadas. Tales motivaciones van desde la presión generacional hasta las expectativas personales. No siempre las parejas jóvenes consideran el matrimonio como el compromiso más importante que una persona jamás hará en su vida y la decisión más importante que jamás tomará; por consiguiente, si alguien está planeando casarse debe tomar esta decisión con mucha paciencia, en oración constante y con genuino compromiso. Esta es una buena forma en que la iglesia puede ayudar a prevenir el divorcio construyendo matrimonios fuertes desde el principio. Por ello, las parejas jóvenes no deben ser apáticas a los talleres pre-matrimoniales, a charlas de consejería u otro tipo de actividades que la iglesia desarrolle. Es importante valorar los esfuerzos que hacen los pastores dedicando gran parte de su tiempo a enseñar sobre el matrimonio y al ministerio de la consejería pre-matrimonial. Pero los casados no quedan fuera de este compromiso; ellos también deberían fomentar una buena cultura de lectura de libros sobre el matrimonio, mantener un servicio activo en la iglesia y apoyar a otros matrimonios con su experiencia. Este es un campo en que se necesita mostrar que somos un cuerpo en Cristo, alentándonos y edificándonos unos a otro (I Tesalonicenses 5:11).

Apéndice 2
Guía de Estudio
Diseñada para uso personal o grupal

I. Generalidades
* Título: Matrimonio Bíblico
* Área de Estudio: Teología Ministerial
* Autor: Marvin J. Argumedo

II. Introducción
Los fundamentos del matrimonio deben armonizar con la *historia de redención*; esta es una relación que une a un hombre y una mujer en una relación pactual cuyo fundamento y diseño son divinos. Las bases bíblicas del matrimonio proveen la plataforma necesaria para desarrollar los roles masculinos y femeninos en el hogar y la iglesia en el contexto del pacto, es decir, la unión matrimonial responde a la *relación pactual* entre Cristo y su Iglesia. Tal relación permite entender que el matrimonio no es un área más en que el cristiano participa; sino, la única forma bíblica por la que hombres y mujeres muestran el valor que han recibido por diseño divino, y juntos son la revelación más completa de la gloria de Dios en la creación. Así que, el matrimonio nunca debe ser considerado una relación secundaria en la vida de la iglesia; no es una relación humana o experimental sino una relación pactual por la cual Dios se place concedernos el santo ministerio de la procreación y la formación de los nuevos miembros de la comunidad del pacto.

III. Propósito

El propósito del estudio es tener un acercamiento al matrimonio desde la perspectiva teológico-pactual de sus fundamentos, es decir, un estudio centrado en Dios y las Escrituras para entender la vida matrimonial en el contexto de la historia de redención, y de esta forma, sea capaz de aplicar estos fundamentos a su vida y ministerio.

IV. Resumen

El contenido del estudio está enfocado en el matrimonio, considerándolo un área esencial del ministerio cristiano en el contexto del programa de redención. El curso se desarrolla bajo una perspectiva bíblica del diseño divino para el hombre y la mujer, unidos bajo un pacto matrimonial que revela la gloria de Dios en los roles asignados a cada uno para ejercerlos conforme al modelo consumado en la relación pactual entre Cristo y la Iglesia. Durante el curso el estudiante podrá desarrollar un estudio que le permitirá desarrollar la idea bíblica de pacto en el matrimonio, los fundamentos del matrimonio bíblico bajo una perspectiva teológico-pactual (*pureza, amor, compromiso, tolerancia, orden*); también el rol del esposo como figura de masculinidad bíblica y el rol de la esposa como figura de la feminidad bíblica. El estudiante podrá armonizar la teología y la práctica del matrimonio.

V. Objetivos

Los objetivos que se esperan alcanzar con el estudio son los siguientes:

- *Conocer* los fundamentos bíblicos del matrimonio en el contexto de la historia de redención, a nivel general y específico;

- *Comprender* los aspectos relevantes en el ámbito del matrimonio bajo una perspectiva teológico-pactual y los pasajes bíblicos más significativos; y
- *Aplicar* los aspectos pastorales y prácticos que están relacionados a la relación matrimonial en la vida personal y el ministerio cristiano.

VI. Metodología de Estudio

El lector tendrá dos opciones para el estudio:

Modalidad Presencial. La metodología asumirá un enfoque ecléctico, combinando la exposición magistral (07 horas de Conferencia con un Profesor) con un enfoque más participativo (08 horas de Sesiones de Trabajo con un Facilitador). Se espera que los estudiantes se involucren en las actividades diseñadas para un mejor aprovechamiento del curso. Las tareas serán entregadas al profesor del curso por la vía que él designe (correo electrónico o correo postal) y para tales efectos asignará una fecha límite de entrega. El examen será aplicado por el Facilitador del grupo y será su responsabilidad enviarlo al profesor. Esta modalidad se desarrolla en los Centros Oficiales de MINTS International Seminary. Para más información sobre el Coordinador de MINTS en su país o ciudad, escriba por correo electrónico al Decano Académico Internacional, Dr. Eric Pennings (*epennings@rogers.com*).

Modalidad Virtual. La metodología es totalmente en línea. Es necesario que el estudiante tenga conocimientos básicos de computación e internet. El estudio se divide en módulos; el estudiante realizará las actividades y proyectos de cada módulo, según lo indica la introducción de cada módulo (foros de participación, diarios, wikis, cuestionarios en línea) y las tareas finales del curso (informe de lectura, proyecto especial y examen final en línea). Se espera constituir una comunidad educativa virtual por medio de la participación del estudiante en los foros con el Profesor y todos sus compañeros de estudio. Esta modalidad está disponible en el campus virtual de MINTS OnLine < *www.mintsonline.org/moodle/* > Para más información sobre cursos online, escriba al Coordinador de Estudios en Línea, Dr. Jaime Morales (*profejaime@hotmail.com*).

VII. Requisitos

Los requisitos que el estudiante deberá cumplir para recibir crédito académico por el presente estudio, son los siguientes:

- Asistir a 15 horas de Clase, según la modalidad de estudio que haya seleccionado.
- Cumplir con las tareas indicadas en la sección de Evaluación.
- Adquirir y profundizar las lecturas adicionales.
- Desarrollar un proyecto especial relacionado con la situación del matrimonio en su contexto.
- Rendir un exámen final.

VIII. Evaluación

La evaluación seguirá los siguientes requisitos:

(15%) Asistencia. El estudiante deberá asistir a las Conferencias del Profesor (07 horas) y Sesiones de Trabajo (08 Horas). Cada hora de asistencia tiene

un valor de 1%. En modalidad virtual deberá cumplir este requisito con los Foros de Diálogo.

(15%) Cuestionarios. El estudiante leerá este libro que es el Manual del Curso y responderá las preguntas que se encuentran al final de cada capítulo. Presentará todos los cuestionarios como un solo documento con una Portada al final del curso.

(20%) Informe de Lectura. El estudiante deberá leer adicionalmente a este Libro, un total de 300 páginas (Licenciatura) ó 500 páginas (Maestría) de las lecturas recomendadas en la sección IX de esta Guía. Luego, debe presentar un informe de 3 páginas (Licenciatura) ó 5 páginas (Maestría) utilizando el "Modelo para Informes de Lectura" que MINTS provee.

(30%) Proyecto Especial. El estudiante hará una investigación sobre la situación actual del matrimonio en las iglesias de su ciudad. Seleccionará tres fundamentos vistos en el curso (capítulos 2 al 6) y evaluará la condición actual de éstos en al menos tres iglesias, incluyendo a la que asiste el estudiante. Deberá utilizar como instrumento de recolección de datos la encuesta o la entrevista (por escrito), formulando las preguntas que considere necesarias. Con los resultados obtenidos, elaborará un reporte escrito resumiendo los resultados de los tres fundamentos y ofreciendo sus propias recomendaciones bíblicas para superar las deficiencias identificadas. El reporte escrito deberá sujetarse a los requisitos del "Modelo para Ensayo Académico" que MINTS provee. Las encuestas o entrevistas realizadas, deben agregarse como anexos al final del proyecto.

(20%) Exámen Final. El estudiante se someterá a una evaluación que incluirá todos los contenidos de

este libro. Tendrá 30 minutos de tiempo, sin prórroga y no podrá utilizar material de apoyo.

Aprobación del Curso. El estudiante deberá alcanzar un mínimo de 60 puntos (60%) de la Nota Global para aprobar satisfactoriamente el Curso.

IX. Lecturas Recomendadas

Para profundizar en el matrimonio bíblico y ampliar los temas de este libro, se ofrece una lista selecta de libros recomendados para consulta especializada y pueden ser utilizados como lectura adicional:

HARVEY, Dave. *Cuando Pecadores dicen "Acepto": Descubriendo el Poder del Evangelio para el Matrimonio.* Medellín: Poiema Publicaciones. 2012. (187 pp.)

KELLER, Timothy. *El Significado del Matrimonio.* Nashville, TN. USA: B&H Publishing Group. 2017. (312 pp.)

MERCADO, Joselo. *El Matrimonio que Agrada a Dios.* Nashville, TN. USA: B&H Publishing Group. 2019. (164 pp.)

NEWHEISER, Jim. *Matrimonio, Divorcio y Nuevo Matrimonio: Preguntas Comunes, Respuestas Bíblicas.* Medellín, Colombia: Poiema Publicaciones. 2019. (387 pp.)

PIPER, John. *Pacto Matrimonial: Perspectiva Temporal y Eterna.* Illinois, USA: Tyndale House Publishers. 2009. (208 pp.)

PRINCE, Derek. *El Pacto Matrimonial*. New Kensington, PA. USA: Whitaker House Publishers. 2008. (191 pp.)

SCHUETZE, John D. *El Matrimonio y la Familia*. Milwaukee, WI. USA: Editorial North Western. 2009. (178 pp.)

SWINDOLL, Charles R. *Matrimonio: De Sobrevivir a Prosperar*. Nashville, TN. USA: Grupo Nelson. 2007. (162 pp.)

THOMAS, Gary. *Matrimonio Sagrado*. Miami, FL: Editorial Vida. 2011. (304 pp.)

X. Recomendaciones

- Desarrolle una buena mayordomía de su tiempo. Algunas actividades requieren más tiempo.
- Evite quedarse con dudas sobre los contenidos o las tareas. Pregunte al facilitador del grupo, él tiene instrucciones que pueden ayudarle a resolver sus dudas oportunamente.
- Incluya en su estudio personal un tiempo para la oración, la meditación y el repaso de sus clases. Recuerde que el estudio no se limita a la adquisición de conocimientos sino que ha sido diseñado para la aplicación personal y ministerial.
- Haga siempre sus tareas con honestidad, basado en el conocimiento que usted ha adquirido. Esto le permitirá medir de forma genuina el nivel de su aprendizaje y le indicará cómo seguir avanzando en su preparación ministerial.

NOTAS

[1] Piper, John. *Pacto Matrimonial: Perspectiva Temporal y Eterna*, p.27.

[2] "Contrato." *Diccionario de la Lengua Española*. 2020.

[3] Nótese esta idea en: Efesios 5:25-27; II Corintios 11:2; Apocalipsis 19:7-8.

[4] Nótese esta idea en: Génesis 2:24; Mateo 19:5; Marcos 10:7; Efesios 5:31.

[5] Pink, Arthur W. *Los Pactos Divinos*, p.15.

[6] Harrison, Everett F. *Diccionario de Teología*, p.443.

[7] Swanson, James A. *Diccionario de idiomas bíblicos: Hebreo*.

[8] Pink, Arthur W. *Los Pactos Divinos*, p.21.

[9] Wolf, Earl C. *Comentario Bíblico Beacon (Tomo 3)*, p. 479.

[10] Mercado, Joselo. *El Matrimonio que Agrada a Dios*, p. 17.

[11] "Pureza." *Diccionario de la Lengua Española*. 2020.

[12] Los exponentes del hedonismo en la época griega clásica fueron *Aristipo de Cirene* quien consideraba el placer como fin que al ser alcanzado es posible llegar a la felicidad, resaltando más el placer del cuerpo sobre los placeres mentales; y *Epícuro de Samos* quien sostuvo como objetivo filosófico evitar el sufrimiento procurando la felicidad, priorizando satisfacer los deseos para subsistir y moderando aquellos que son naturales, pero no vitales.

[13] Williams, Gary. *Estudios Bíblicos ELA: La vida, la muerte y el amor (Eclesiastés y Cantares)*, p. 99.

[14] Harper, A.F. *Comentario Bíblico Beacon: Literatura Poética y Sapiencial (Tomo 3)*, p. 631.

[15] Tuggy, Alfred E. *Léxico griego-español del Nuevo Testamento*, p. 538.

[16] Keller, Timothy. *El Significado del Matrimonio*, p.249.

[17] Swanson, James A. *Diccionario de idiomas bíblicos: Hebreo*.

[18] Expresiones que se consideran propias y características de la lengua hebrea, que se usan en otro idioma.

[19] Paul, Guillermo A. *En esto Creemos: Doctrina Básica*, p. 48.

[20] Taylor, Richard S. *Diccionario Teológico Beacon*, p.35.

[21] *Ibíd.*, p.35.

[22] Gillis, Caroll. *El Antiguo Testamento: Un Comentario Sobre Su Historia y Literatura*, p. 203.

[23] Prince, Derek. *El Pacto Matrimonial*, pp.66-67.

[24] Spurgeon, Charles H. *Sermones de Spurgeon — Volumen 2.* Sermón 587, p. 5.

[25] Hendriksen, William. *Comentario al Nuevo Testamento: Efesios*, p. 272.

[26] Sproul, R.C. *La Biblia de Estudio de la Reforma*, p. 2046.

[27] Prince, Derek. *El Pacto Matrimonial*, p.81.

[28] Schuetze, John D. *El Matrimonio y la Familia*, p. 34.

[29] "Magisterio." *Diccionario de la Lengua Española.* 2020.

[30] Piper, John. *Pacto Matrimonial*, p. 55.

[31] Sproul, R.C. *La Biblia de Estudio de la Reforma*, p. 2034.

[32] "Compromiso." *Diccionario de la Lengua Española.* 2020.

[33] Generalmente, es una institución vinculada al Ministerio Público. En la República de El Salvador lo hace la Procuraduría General que vela por la defensa de la familia, los menores, los incapaces y los adultos mayores; concediendo asistencia legal y atención psicosocial. En la República de El Salvador durante el año 2019, la Procuraduría General de la República impuso 5,897 cuotas alimenticias que fueron solicitadas en un 94.6% por mujeres y 5.4% por hombres. Esta intermediación fue por más de $28 millones de dólares.

[34] Lloyd-Jones, Martyn. *El Matrimonio: Exposición de Efesios 5:22-33*, p. 75.

[35] Tuggy, Alfred E. *Léxico griego-español del Nuevo Testamento*, p. 706.

[36] Christenson, Larry & Nordis. *La Pareja Cristiana*, pp. 56-57.

[37] "Emoción." *Diccionario Médico: Universidad de Navarra.* 2020.

[38] Chapman, Gary. *Las Cuatro Estaciones del Matrimonio*, p. 16.

[39] Harvey, Dave. *Cuando Pecadores dicen: Acepto*, p. 47.

[40] "Tolerancia." *Diccionario de la Lengua Española.* 2020

[41] Harvey, Dave. *Cuando Pecadores dicen: Acepto*, p. 71.

[42] Thomas, Gary. *Matrimonio Sagrado*, p.65.

[43] Chiavenato, Idalberto. *Introducción a la Teoría General de la Administración*, p. 110.

[44] Tomado de: *https://www.redalyc.org/pdf/1342/134216871002.pdf*

[45] El cuerpo calloso (*corpus callosum*) es la estructura que se encuentra en lo profundo del cerebro y que conecta los hemisferios cerebrales (derecho e izquierdo), coordinando las funciones de ambos.

[46] En ámbitos prácticos de la vida como el matrimonio, la presunción es considerar o aceptar algo como verdadero o real a partir de ciertas señales o indicios, sin tener certeza completa de ello.

[47] Strong, James. *Nueva Concordancia Strong Exhaustiva de la Biblia*, p.124.

[48] Bledsoe, Jackie. *Los Siete Anillos del Matrimonio*, p. 114.

[49] Swindoll, Charles R. *Matrimonio: De sobrevivir a Prosperar*, p. 57.

[50] "Orden." *Diccionario de la Lengua Española*. 2020.

[51] Newheiser, Jim. *Matrimonio, Divorcio y Nuevo Matrimonio*, p. 134.

[52] Bonhoeffer, Dietrich. *Resistencia y Sumisión: Cartas y Apuntes desde el Cautiverio*, p. 27.

[53] Tuggy, Alfred E. *Léxico griego-español del Nuevo Testamento*, p. 979.

[54] Swanson, James A. *Diccionario de Idiomas Bíblicos: Griego*, p. 122.

[55] Keller, Timothy. *El Significado del Matrimonio*, p. 69.

[56] Tuggy, Alfred E. *Léxico griego-español del Nuevo Testamento*, p. 938.

[57] Tomado de: *https://www.unwomen.org/es/what-we-do/ending-violence-against-women/facts-and-figures*.

[58] Strauch, Alexander. *Men and Women, Equal Yet Different: A Brief Study of the Biblical Passages on Gender*, p. 50.

[59] Strong, James. *Diccionario de Palabras Originales del Antiguo y Nuevo Testamento*, p. 71.

[60] Swanson, James A. *Diccionario de Idiomas Bíblicos: Hebreo*.

[61] *Ibíd.*

[62] Tuggy, Alfred E. *Léxico griego-español del Nuevo Testamento*, p. 944.

[63] Citado en: Taylor, Willard H. *La Epístola a los Efesios: Comentario Bíblico Beacon (Tomo 9)*, p. 265.

[64] Tuggy, Alfred E. *Léxico griego-español del Nuevo Testamento*, p. 65.

[65] Hegeman, Cornelio. *La Apologética: Una Perspectiva Integral*, p. 23.

[66] Dever, Mark. *Masculinidad y Femineidad Bíblicas*, pp. 5-6.

[67] El apóstol Pablo enseña que este orden de la creación implica diferentes roles para hombres y mujeres (I Timoteo 2:8-15).

[68] Perspectiva que sostiene que Dios creó a los hombres y a las mujeres como iguales en todos los aspectos. No ven en Génesis 1:26-27 distinción; creen en una igualdad de esencia o ser, y además, de función o rol.

[69] Mercado, Joselo. *El Matrimonio que agrada a Dios*, p. 210.

[70] Lutzer, Erwin. *La verdad acerca del Matrimonio Homosexual*, p. 66.

[71] Ramírez, Alonzo. *Los Estándares de Westminster*, p. 119.

[72] Swanson, James A. *Diccionario de Idiomas Bíblicos: Hebreo.*

[73] *Ibíd.*

[74] *Ibíd.*

[75] Kistemaker, Simon J. *Comentario al Nuevo Testamento: 1 Corintios*, p. 660.

[76] Scott, Stuart W. *Una Masculinidad Cristiana*, p. 173.

[77] Varela, Juan. *Tu identidad Sí importa: Ser Hombre*, p. 5.

[78] Varela, Juan. *Origen y Desarrollo de la ideología de Género: Fundamentos Teológicos*, p. 15.

[79] Cole, Chrystie. *Feminidad Bíblica*, p. 19.

[80] *Ibid*, p. 22.

[81] Henry, Matthew. *Comentario Completo de la Biblia* (Génesis 2:21-25).

[82] Scheraldi de Núñez, Cathy. *El Ministerio de Mujeres*, p. 21.

[83] Varela, Juan. *Origen y Desarrollo de la Ideología de Género*, p. 21.

[84] Bridges, Jerry. *En pos de la Santidad*, p.35.

85 Elliot, Elisabeth. *Dejadme ser Mujer: Let Me Be a Woman*, p.52.

86 Adams, Jay E. *Matrimonio, Divorcio y Nuevo Matrimonio*, p. 5.

87 Newheiser, Jim. *Matrimonio, Divorcio y Nuevo Matrimonio,* p. 222.

88 Jones, Robert D. *Restaurar tu Matrimonio*, p. 3.

89 Adams, Jay E. *Matrimonio, Divorcio y Nuevo Matrimonio*, p. 27.

90 Jim Newheiser recomienda en su libro, dos publicaciones en inglés: H. Wayne House, ed., *Divorce and Remarriage: Four Christian Views* [El divorcio y el Nuevo matrimonio: Cuatro perspectivas cristianas] (Downers Grove, IL: InterVarsity Press, 1990); Mark L. Strauss, ed., *Remarriage after Divorce in Today's Church: Three Views* [El nuevo matrimonio después del divorcio en la iglesia actual: Tres perspectivas] (Grand Rapids: Zondervan, 2006).

91 Adams, Jay E. *Matrimonio, Divorcio y Nuevo Matrimonio*, p. 24.

92 Jones, Robert D. *Restaurar tu Matrimonio*, p. 14.

93 Schuman, David. *Lo que dice 1 Corintios 7 sobre la deserción y el divorcio.* Artículo consultado en línea en: https://www.coalicionporelevangelio.org/articulo/1-corintios-7-desercion-y-divorcio/

94 Newheiser, Jim. *Matrimonio, Divorcio y Nuevo Matrimonio*, pp. 223-228.

95 Lugt, Herbert Van. *Divorcio y Nuevo Matrimonio*, p. 11.

96 Chambers, Oswald. *En Pos de lo Supremo*, p. 84.

Acerca del Autor

Marvin J. Argumedo es Licenciado en Contaduría Pública
por la Universidad de El Salvador y Máster en Docencia
Universitaria por la Universidad Evangélica de Nicaragua.
Posee Licenciatura en Estudios Teológicos (2009), Maestría
en Educación Cristiana (2015), Maestría en Divinidades
(2018) y es candidato al Doctorado en Ministerio del Miami
International Seminary (MINTS). Ha servido como profesor
de MINTS desde 2011 en la República de El Salvador, su
país natal. Además, colabora como profesor de estudios en
línea en MINTS OnLine desde 2010 y es el coordinador de
ese programa para El Salvador. Se desempeñó como Asis-
tente Ministerial adhonorem de 2010 a 2014 en el Seminario
Internacional MINTS en El Salvador (SIMES). Desde 2015
se dedica a tiempo completo al ministerio de la enseñanza y
sirve como Director Nacional de SIMES. Es autor de *"Bases
de Organización y Vida Cristiana"* (2018) y *"Construyendo una
Educación Teológica"* (2020), ambos publicados por Editorial
Doulos. Vive en el occidente de su país y sirve al Señor
desde su infancia en una pequeña congregación cristiana,
ahora junto a su amada esposa Vivian y su hijo Marvin Jr.

Colección
Ministerio y Pastoral

1. *Quinceañera Cristiana: Antología de Recursos para una Celebración Cristiana*
Andrés G. Kline

2. *Divorcio y Nuevo Matrimonio: Principios del Antiguo Testamento y su aplicación en el Nuevo Testamento*
Cornelis Van Dam

3. *Consuelo y Esperanza en el Libro de Job*
Cornelis Van Dam

4. *Asuntos de Adoración: Ensayos sobre la Adoración Pública*
Cornelis Van Dam

5. *Fundamentos del Matrimonio Bíblico: Una Perspectiva Teológico-Pactual*
Marvin J. Argumedo

Aquiéralos en su librería cristiana más cercana o a través de Editorial Doulos en: www.editorialdoulos.com